Manual que acompa

¿Sabías que... ?

BEGINNING SPANISH

Fifth Edition

Volume 1

Bill VanPatten

William R. Glass

Donna Deans Binkowski
University of Massachusetts, Amherst

James F. Lee
University of New South Wales (Sydney, Australia)

Terry L. Ballman
California State University, Channel Islands

Andrew P. Farley
Texas Tech University

Boston   Burr Ridge, IL   Dubuque, IA   Madison, WI   New York   San Francisco   St. Louis
Bangkok   Bogotá   Caracas   Kuala Lumpur   Lisbon   London   Madrid   Mexico City
Milan   Montreal   New Delhi   Santiago   Seoul   Singapore   Sydney   Taipei   Toronto

Higher Education

Published by McGraw-Hill, an imprint of The McGraw-Hill Companies, Inc., 1221 Avenue of the Americas, New York, NY 10020. Copyright © 2008 by The McGraw-Hill Companies, Inc. All rights reserved. No part of this publication may be reproduced or distributed in any form or by any means, or stored in a database or retrieval system, without the prior written consent of The McGraw-Hill Companies, Inc., including, but not limited to, in any network or other electronic storage or transmission, or broadcast for distance learning.

This book is printed on acid-free paper.

1 2 3 4 5 6 7 8 9 0 QPD QPD 0 9 8 7

ISBN: 978-0-07-328928-1
MHID: 0-07-328928-0

Vice president and Editor-in-chief: *Emily G. Barrosse*
Publisher: *William R. Glass*
Sponsoring editor: *Katherine K. Crouch*
Director of development: *Scott Tinetti*
Development editor: *Mara Brown*
Executive marketing manager: *Nick Agnew*
Project manager: *Jackie Henry*
Senior supplements producer: *Louis Swaim*
Compositor: *TechBooks*
Typeface: *10/12 Palatino*
Printer and binder: *Quebecor World Printing, Dubuque*

www.mhhe.com

Contents

Notes to Students

This is Volume 1 of the *Manual que acompaña ¿Sabías que... ?*, Fifth Edition. It contains activities and other materials related to the first three units of the student text. As you work through the materials in the *Manual,* keep the following points in mind.

- The *Manual* contains groups or series of activities that focus on vocabulary, grammar, pronunciation, and listening skills. Each series of activities has a title: **Ideas para explorar** or **Vamos a ver.** For example, **Lección preliminar** includes a series of activities entitled **Ideas para explorar: Las carreras y las materias.** These activities not only deal with classes and majors but also provide additional work on certain grammar points. This series continues until the next series title, **Ideas para explorar: Más sobre las clases.**
- In general, when you complete an **Ideas para explorar** section in your textbook, you should then complete the corresponding **Ideas para explorar** series in the *Manual.* At the end of each **Vamos a ver** section of your textbook, you should also complete the corresponding **Vamos a ver** activity or activities in the *Manual.*
- Write out each lesson's **Para entregar** (*To turn in*) activities on a separate sheet of paper, and turn it in to your instructor. (These activities are noted with a notepad icon in the margin.)
- To do the listening activities (noted with a headphones icon in the margin), you must listen to the recordings that accompany the *¿Sabías que... ?* program. You may find it convenient to purchase your own set of CDs for this purpose. Ask your instructor for information on how to obtain them.
- At the end of each lesson, you will find a section titled **Videoteca: Los hispanos hablan** in which you will listen to a brief interview of a native speaker of Spanish. Each **Videoteca: Los hispanos hablan** will have **pasos** for pre-listening and post-listening activities. You can also watch the interviews, found on the video on CD and on the Online Learning Center website at **www.mhhe.com/sabiasque5.**
- Answers to activities preceded by an asterisk (*) are included in the Answer Key in the back of the *Manual.*

LECCIÓN preliminar

¿Quién eres?

In this lesson of the *Manual* you will review and continue to practice what you have learned in class. The goals of this lesson are

- To practice inquiring about names and where people are from
- To review courses and areas of study
- To review the forms and uses of the verb **ser**
- To review the subject-pronoun system in Spanish
- To review the verb **gustar**
- To review gender and number of articles and adjectives
- To review possessive adjectives
- To review the numbers 0–30
- To review the verb form **hay**

 You can find additional quizzes to practice the grammar, vocabulary, and cultural themes covered in this lesson on the *¿Sabías que... ?* Online Learning Center website at **www.mhhe.com/sabiasque5**.

IDEAS PARA EXPLORAR
¿Quién eres?

VOCABULARIO

¿Cómo te llamas? ¿De dónde eres?

Introducing yourself

ACTIVIDAD A Nuevos° amigos

New

You have probably spent the first day or two of Spanish class getting to know people in the class. Can you remember some names? Answer the following questions by filling in the appropriate names.

1. ¿Cómo te llamas? _____

2. ¿Cómo se llama tu profesor(a) de español? _____

3. ¿Cómo se llama otra (*another*) persona en la clase? _____

*ACTIVIDAD B ¿Qué sigue?°

¿Qué... What follows?

You will hear part of several conversations. Use your knowledge of the things people say when they meet to choose what the speaker in each is likely to say next. The model is on the audio program. Note: Answers for all activities preceded by an asterisk (*) can be found in the Answer Key at the back of the *Manual*.

> MODELO CARLOS: Hola, ¿cómo te llamas?
> MARTA: Me llamo Marta.
> CARLOS: Mucho gusto.
> MARTA: Encantada. Y tú, ¿cómo te llamas?

What will be the answer to Marta's question?

> CARLOS: a. De México. b. Mi nombre es Carlos. c. Encantado.

The correct response is b.

1. JUANA: a. Me llamo Juana. b. ¿Cómo te llamas? c. Encantada.
2. MARTÍN: a. Mucho gusto. b. Soy Martín. c. ¿Cómo te llamas?
3. MIGUEL: a. Miguel. b. Encantado. c. Se llama Ana.

*ACTIVIDAD C Hispanos famosos

Can you identify the country of origin of the following famous Hispanics? Match the person with the correct country. If you get four correct you're doing great!

1. _____ Fidel Castro, político y dictador
2. _____ Antonio Banderas, actor
3. _____ Rigoberta Menchú, activista
4. _____ Gabriel García Márquez, escritor (*writer*)
5. _____ Jennifer López, actriz
6. _____ Sammy Sosa, beisbolista
7. _____ Salma Hayek, actriz

a. Es de México.
b. Es de Guatemala.
c. Es de los Estados Unidos.
d. Es de Colombia.
e. Es de la República Dominicana.
f. Es de Cuba.
g. Es de España.

*ACTIVIDAD D ¿Cierto o falso?

Listen to the following conversation between a professor and a student and then indicate whether the following statements are true (**cierto**) or false (**falso**).

		CIERTO	FALSO
1.	El profesor se llama Antonio Amores.	☐	☐
2.	La estudiante se llama María.	☐	☐
3.	El profesor es de Madrid.	☐	☐
4.	La estudiante es de Los Ángeles.	☐	☐

COMUNICACIÓN

PARA ENTREGAR Una conversación

Luis and Roberto have just met and are introducing themselves. Roberto's half of the conversation is given here. Your task is to fill in what Luis must have said to Roberto. (Hint: Pay attention to the punctuation.) Remember to write the complete conversation on a separate sheet of paper.

LUIS: _____

ROBERTO: Me llamo Roberto. ¿Cómo te llamas?

LUIS: _____

ROBERTO: Mucho gusto.

LUIS: _____

ROBERTO: Soy de Seattle. Y tú, Luis, ¿de dónde eres?

GRAMÁTICA

¿Ser o no ser?

Forms and uses of **ser**

*ACTIVIDAD E ¿A quién se refiere?

Listen as the speaker on the audio program says a sentence in Spanish. Indicate who is being referred to by circling the letter of the correct answer.

MODELO (*you hear*) Son profesores de español. →
  (*you see*) a. Luis y Marcos   b. tú y yo
  (*you select*) a. Luis y Marcos

1.	a. tú	b.	ella
2.	a. Bernardo y yo	b.	Bernardo y Anita
3.	a. tú	b.	vosotros
4.	a. usted	b.	yo
5.	a. Marisela	b.	tú y un amigo

*ACTIVIDAD F ¿Quién es?

Indicate what the subject pronoun of each sentence would be.

> MODELO   Somos estudiantes. → nosotros/as

1.   Es un buen profesor. → _____

2.   ¿Eres del Perú? → _____

3.   Son estudiantes de informática. → _____

4.   Sois de España, ¿no? → _____

5.   Soy estudiante de lenguas extranjeras. → _____

*ACTIVIDAD G Diálogos

Listen to each conversation on the audio program. Is the second speaker using the verb **ser** to indicate occupation, indicate origin, indicate possession, or describe inherent qualities? Check the appropriate box.

> MODELO   (*you hear*) SPEAKER 1: Me gusta mucho la clase de filosofía.
>   SPEAKER 2: Sí, pero es un poco difícil, ¿no? →
> (*you check*) inherent quality

	OCCUPATION	ORIGIN	POSSESSION	INHERENT QUALITY
1.	☐	☐	☐	☐
2.	☐	☐	☐	☐
3.	☐	☐	☐	☐
4.	☐	☐	☐	☐
5.	☐	☐	☐	☐
6.	☐	☐	☐	☐

 **COMUNICACIÓN**

 ## PARA ENTREGAR Más opiniones

Indicate your opinion of each item by writing a statement about its inherent quality or characteristic. Select from the adjectives given.

> MODELO   mis clases: buenas   malas   regulares → ¡Mis clases son buenas!

1. mi casa: bonita   fea (*ugly*)   regular
2. mis amigos: liberales   conservadores
3. Sharon Stone: extrovertida   introvertida
4. mis libros: caros (*expensive*)   baratos
5. la cafetería: buena   mala   regular
6. mi clase de español: fácil (*easy*)   difícil (*hard*)   regular
7. yo: egocéntrico/a   altruista

IDEAS PARA EXPLORAR
Las carreras y las materias

VOCABULARIO

¿Qué estudias?

Courses of study and school subjects

ACTIVIDAD A Las clases

You will hear a series of questions about types of classes. For each question asked, two possible responses will be given. Listen carefully and say the correct response for each.

> MODELO (*you hear*) ¿Qué materia es una ciencia social, la biología o la historia? →
> (*you say*) La historia.
> (*you hear*) La historia. La historia es una ciencia social.

1...   2...   3...   4...   5...

*ACTIVIDAD B ¿Qué materia no pertenece°?

no... *doesn't belong*

For each group of subjects below, circle the one that doesn't belong to the general category given.

1. Las ciencias sociales
   a. la geografía
   b. las comunicaciones
   c. la física
2. Las humanidades
   a. la psicología
   b. la filosofía
   c. el arte
3. Las lenguas extranjeras
   a. el japonés
   b. el francés
   c. el cálculo
4. Las ciencias naturales
   a. la química
   b. la antropología
   c. la biología
5. Las humanidades
   a. el alemán
   b. la economía
   c. la oratoria
6. Las ciencias sociales
   a. la composición
   b. la historia
   c. las ciencias políticas
7. Las lenguas extranjeras
   a. el portugués
   b. el alemán
   c. el periodismo

*ACTIVIDAD C Las carreras de personas famosas

In college, what might have been the areas of specialization of the following famous people? Choose the major from column B that most logically corresponds with the person in column A.

A

1. _____ Louis S. B. Leakey
2. _____ Stephen Hawking
3. _____ John F. Kennedy
4. _____ Pablo Picasso
5. _____ Ernest Hemingway
6. _____ Donald Trump
7. _____ Dr. Phil
8. _____ Katie Couric
9. _____ Charles Darwin
10. _____ Meryl Streep

B

a. la biología
b. la administración de empresas
c. las ciencias políticas
d. la antropología
e. el periodismo
f. la física y las matemáticas
g. el arte
h. la psicología
i. el teatro
j. la literatura

COMUNICACIÓN

PARA ENTREGAR Otras clases, otros profesores

Contrary to common belief, not all instructors know each other! Help your Spanish instructor learn more about your other instructors by selecting three and telling what their names are. Also include one bit of additional information (where he or she is from, if he or she is interesting, and so forth). You can start each sentence with the following line.

Mi profesor(a) de_____ ...
(name of the class)

GRAMÁTICA

¿Te gusta?

Discussing likes and dislikes

ACTIVIDAD D ¿Te gustan estas materias?

Below are a number of subjects many university students take to fulfill general requirements. Indicate how you feel about each by marking either **me gusta(n)** or **no me gusta(n)**.

	ME GUSTA(N)	NO ME GUSTA(N)
1. las lenguas extranjeras	☐	☐
2. la biología	☐	☐
3. la psicología	☐	☐
4. la sociología	☐	☐

	ME GUSTA(N)	NO ME GUSTA(N)
5. el cálculo	☐	☐
6. la composición	☐	☐
7. las ciencias sociales	☐	☐

*ACTIVIDAD E Preferencias

Listen to the following conversation among Joaquín, Ana, and Silvia as they come out of their sociology class. Then complete the chart with their preferences. You may listen more than once if you need to.

PREFERENCIAS

	Le gusta(n)…	No le gusta(n)…
Ana		la sociología
Silvia		
Joaquín		

*ACTIVIDAD F ¿Te gusta o no?

Write in the correct form of **gustar.** Then, decide if each sentence is true or not. You may wish to ask some friends for their opinion as well.

MODELO A la persona típica no le _*gustan*_ las matemáticas.

	CIERTO	FALSO
1. A los estudiantes les _____ la comida (*food*) de la cafetería.	☐	☐
2. A muchos estudiantes les _____ la música muy alta (*loud*).	☐	☐
3. A algunas personas no les _____ los partidos de fútbol (*soccer games*).	☐	☐
4. A nadie (*nobody*) le _____ los exámenes.	☐	☐
5. A pocas (*few*) personas les _____ el fin de semana (*weekend*).	☐	☐
6. A los profesores les _____ corregir (*to correct*) exámenes.	☐	☐
7. A algunos estudiantes les _____ la pizza.	☐	☐
8. A todos los estudiantes les _____ la vida (*life*) en las residencias estudiantiles.	☐	☐
9. A la persona típica no le _____ las ciencias naturales.	☐	☐
10. A muchos estudiantes les _____ las vacaciones.	☐	☐

COMUNICACIÓN

 ## PARA ENTREGAR ¿Te gusta... ?

For each question, write a response. If there is time, share your responses in class tomorrow. Do most people answer the way you do?

> MODELO ¿Te gustan las clases tempranas (*early*)? ¿Y al* estudiante típico? →
> A mí me gustan las clases tempranas, pero al estudiante típico no le gustan.
>
> *or* ¿Te gustan las vacaciones? ¿Y al estudiante típico? →
> A mí me gustan las vacaciones y al estudiante típico le gustan también (*also*).

1. ¿Te gustan las clases nocturnas? ¿Y al estudiante típico?
2. ¿Te gusta la administración de empresas? ¿Y al estudiante típico?
3. ¿Te gustan los programas de televisión? ¿Y al estudiante típico?
4. ¿Te gusta la pizza con anchoas (*anchovies*)? ¿Y al estudiante típico?
5. ¿Te gustan los exámenes finales? ¿Y al estudiante típico?

VOCABULARIO

¿Qué carrera haces?

Talking about your major

*ACTIVIDAD G Estudiantes

You will hear four students describe themselves. Match the number of each description with its corresponding picture.

a. _____

¿Hola, Bonjour, Buon giorno?
b. _____

c. _____

d. _____

*ACTIVIDAD H Las carreras

While standing in line to register for next semester, Raquel and Antonio strike up a conversation about their majors and their courses. Listen carefully to their conversation and then answer the following questions. You may listen more than once if you'd like.

***A** + **el** (definite article) contract to **al.** Another common contraction is **de** + **el: Esos libros son** *del* **profesor.**

1. ¿Qué carrera hace Antonio? _____

2. ¿Qué carrera hace Raquel? _____

3. ¿Estudia biología Antonio? _____

4. ¿Estudia química Raquel? _____

5. ¿Quién (*Who*) estudia antropología? _____

*ACTIVIDAD I Una conversación

Below is half of a conversation between Laura and Pablo. Laura is interested in finding out about Pablo's studies. Write in the questions Laura must have asked. Pablo's answers are given.

LAURA: ¿_____?[1]

PABLO: Soy estudiante de lenguas extranjeras.

LAURA: ¿_____?[2]

PABLO: Estudio francés y japonés.

LAURA: ¿_____?[3]

PABLO: No, no estudio español.

COMUNICACIÓN

PARA ENTREGAR Encuesta

The Spanish department at your university has asked you to provide information about yourself to help establish a profile of the typical student of Spanish. Copy the form provided, add the requested information, and turn it in.

Departamento de español
Encuesta para establecer el perfil del estudiante típico

1. ¿Cómo te llamas? _____

2. ¿De dónde eres? _____

3. ¿Qué carrera haces? _____

4. ¿Qué clases tienes (*do you have*) este semestre? _____

_____

5. ¿Cuáles son tus clases favoritas? _____

¡Gracias por participar en esta encuesta!

IDEAS PARA EXPLORAR

Más sobre las clases

GRAMÁTICA

¿Son buenas tus clases?

Describing

*ACTIVIDAD A ¿Oscar el optimista o Pedro el pesimista?

Below is a list of statements. Decide if each is made by either Oscar (O) the optimist or by Pedro (P) the pessimist.

¿O o P?

1. _____ Mis clases son muy interesantes.

2. _____ Mi profesor de computación no es inteligente.

3. _____ Mi vida (*life*) es aburrida.

4. _____ Mis amigos son buenos.

5. _____ Mi familia no es amable (*nice*).

6. _____ Mis profesores no son dedicados.

ACTIVIDAD B La universidad

Below are a number of statements about a university. Indicate whether you feel they apply to your university or not.

	SÍ	NO
1. Es pequeña (*small*).		
la biblioteca	☐	☐
la librería (*bookstore*)	☐	☐
la piscina (*swimming pool*)	☐	☐
2. Es atractivo.		
el *campus*	☐	☐
el estadio	☐	☐
el gimnasio	☐	☐
3. Son buenas.		
las cafeterías	☐	☐
las clases	☐	☐
las organizaciones estudiantiles	☐	☐

	SÍ	NO
4. Son simpáticos (*nice*).		
los profesores	☐	☐
los estudiantes	☐	☐
los administradores	☐	☐
5. Son modernos.		
los edificios (*buildings*)	☐	☐
los profesores	☐	☐
los libros	☐	☐

*ACTIVIDAD C ¿De qué habla?

Listen as the speaker on the audio program makes a statement. Then decide which of the choices given refers to what the person is talking about.

MODELO (*you hear*) Pues, son muy atractivos. →
   (*you see*) a. el libro   b. las clases   c. los apartamentos   d. las oficinas
   (*you select*) c. los apartamentos

1. a. la rosa   b. el estéreo   c. las sandalias   d. el libro
2. a. el dinosaurio   b. el huracán   c. los tornados   d. las guerras (*wars*)
3. a. la estudiante   b. el profesor   c. las mujeres (*women*) d. los actores
4. a. el televisor   b. el suéter   c. la computadora   d. las flores
5. a. los carros   b. la discoteca   c. el español   d. las notas (*grades*)
6. a. el béisbol   b. la música   c. la Coca-Cola   d. los deportes
                          popular

COMUNICACIÓN

PARA ENTREGAR Opiniones

Tell how you feel about each item or person listed. Choose from the list of adjectives provided and look up other adjectives in the dictionary, if you like. Remember that adjectives must agree in number and gender with the person or thing being described. Use **es** for a singular item or one person; use **son** for more than one. Remember to write out your sentences on a separate sheet of paper to turn in.

MODELO el presidente: a. tonto b. inteligente c. sincero →
   El presidente es inteligente y sincero.

1. Steven Spielberg: a. talentoso b. rico (*rich*) c. tímido
2. La lucha libre (*wrestling*): a. divertido (*fun*) b. aburrido c. interesante
3. Mi familia: a. simpático b. atractivo c. aburrido
4. Los atletas profesionales: a. afortunado (*lucky*) b. fuerte (*strong*) c. tonto
5. Nueva York: a. cosmopolita b. espantoso c. bonito
6. Mis clases: a. interesante b. bueno c. ridículo
7. El gimnasio: a. grande b. pequeño c. adecuado
8. Mis amigos a. aplicado b. inteligente c. chistoso (*funny*)

VOCABULARIO

¿Cuántos créditos?

 ACTIVIDAD D Horarios

*Paso 1 Listen as each person says his or her name and how many credit hours he or she is taking. Write down the information below.

¿QUIÉN?   ¿CUÁNTOS CRÉDITOS?

1. _____   _____

2. _____   _____

3. _____   _____

4. _____   _____

5. _____   _____

6. _____   _____

Paso 2 Use the following to practice out loud how many credits you have.

Me llamo _____ y tengo _____ créditos.

 *ACTIVIDAD E Problemas de aritmética

You are going to hear eight math problems in Spanish, all simple addition. For each problem, write the correct answer. Note that the word **más** in Spanish, when used with numbers, is equivalent to the word *plus* in English, and the word **son** means *equals*.

MODELO   (*you hear*) Catorce más uno son _____. →
(*you write*) quince

Now you try a few.

1. _____   5. _____

2. _____   6. _____

3. _____   7. _____

4. _____   8. _____

![icon] **COMUNICACIÓN**

 PARA ENTREGAR ¡Qué semestre!

At the local coffee shop, Leticia runs into Marcos and Pilar. All three are discussing and lamenting their course load this term. Listen carefully to their conversation and then answer the questions. You may listen more than once if you need to.

1. ¿Cuántos créditos tiene Leticia?
2. ¿Qué estudia Leticia?
3. ¿Quién tiene más (*more*) créditos, Marcos o Pilar?
4. ¿Qué estudia Pilar?
5. ¿Quién tiene el mismo (*same*) número de créditos que Leticia?
6. ¿Qué estudia Marcos?

GRAMÁTICA

¿Hay muchos estudiantes en tu universidad?

The verb form **hay**

ACTIVIDAD F Los estudiantes

Below is a series of statements about the student population at your university. Decide if each is true or false, then correct the false statements. If there's time tomorrow, compare your answers with those of your classmates. Do you have similar ideas about the students at your school?

		CIERTO	FALSO
1.	Hay muchos estudiantes de psicología.	☐	☐
	_____		
2.	Hay muchos estudiantes que estudian la historia de Latinoamérica.	☐	☐
	_____		
3.	Hay pocos estudiantes de alemán.	☐	☐
	_____		
4.	Hay estudiantes de muchos estados (*states*).	☐	☐
	_____		
5.	Hay muchos estudiantes casados (*married*) o divorciados.	☐	☐
	_____		
6.	Hay muchos estudiantes que tienen carro.	☐	☐
	_____		

ACTIVIDAD G ¿En tu universidad... ?

Based on what you know about your university, answer each question that you hear on the audio program with a written response.

1. _____
2. _____
3. _____
4. _____
5. _____

 COMUNICACIÓN

PARA ENTREGAR ¿Cuántos hay?

Copy these questions and answer them.

1. ¿Cuántos estudiantes hay en la clase de español?
2. ¿Cuántas letras hay en el alfabeto inglés?
3. ¿Cuántas semanas (*weeks*) hay en el semestre (trimestre)?
4. ¿Cuántas horas de laboratorio hay para las clases de química?
5. ¿Cuántos exámenes hay en la clase de español?

PRONUNCIACIÓN

¿Cómo se deletrea... ?°

¿Cómo... *How do you spell . . . ?*

There are 28 letters in the Spanish alphabet (**alfabeto**)—two more than in the English alphabet. The **rr** is considered a single letter even though it is a two-letter group. The letters **k** and **w** appear only in words borrowed from other languages. In 1994, the **Real Academia** of Spain dropped **ch** as a letter separate from **c** and **h** and **ll** as a separate letter from **l**. Some dictionaries have not yet caught up with this change, so be aware of this when you need to look up a word!

El alfabeto español

LETRA	NOMBRE DE LA LETRA	EJEMPLOS		
a	a	Antonio	Ana	la Argentina
b	be *or* be grande	Benito	Blanca	Bolivia
c	ce	Carlos	Cecilia	Cáceres
(ch	che	Pancho	Concha	Chile)
d	de	Domingo	Dolores	Durango
e	e	Eduardo	Elena	el Ecuador
f	efe	Felipe	Francisca	Florida
g	ge	Gerardo	Gloria	Guatemala
h	hache	Héctor	Hortensia	Honduras
i	i	Ignacio	Inés	Ibiza
j	jota	José	Juana	Jalisco
k	ka	(Karl)	(Kati)	(Kansas)
l	ele	Luis	Lola	Lima
(ll	elle	Guillermo	Guillermina	Sevilla)
m	eme	Manuel	María	México
n	ene	Noé	Nati	Nicaragua
ñ	eñe	Íñigo	Begoña	España
o	o	Octavio	Olivia	Oviedo
p	pe	Pablo	Pilar	Panamá
q	cu	Enrique	Raquel	Quito
r	ere	Álvaro	Clara	el Perú
rr	erre *or* ere doble	Rafael	Rosa	Monterrey
s	ese	Salvador	Sara	San Juan
t	te	Tomás	Teresa	Toledo
u	u	Agustín	Lucía	Uruguay
v	ve, ve chica, *or* uve	Víctor	Victoria	Venezuela
w	doble ve, ve doble, *or* uve doble	Oswaldo	(Wilma)	(Washington)
x	equis	Xavier	Ximena	Extremadura
y	i griega	Pelayo	Yolanda	Paraguay
z	zeta	Gonzalo	Esperanza	Zaragoza

 ## ACTIVIDAD A El alfabeto

Listen as the speaker on the audio program pronounces the letters of the alphabet. Say each after you hear it.

*ACTIVIDAD B ¿Cómo se escribe?

Listen as the speaker spells the names of some important cities. Write down what you hear and then check your answers. Do you know where each city is?

1. _____   5. _____
2. _____   6. _____
3. _____   7. _____
4. _____

*ACTIVIDAD C ¿Cómo se llama?

Listen as the speaker spells some names in Spanish. Write down the name and then check your answers. Do you see that several have English equivalents?

1. _____   3. _____   5. _____
2. _____   4. _____   6. _____

ACTIVIDAD D ¿Cómo se escribe?

Practice spelling the following names and words out loud. Then listen to the speaker on the audio program to compare.

1. Gostoriaga   3. zanahoria (*carrot*)   5. Yvonne
2. Monterrey   4. añejo (*aged*)   6. Lilith Reinskeller

Practice spelling your own name (both first and last) out loud.

PRONUNCIACIÓN

¿Cuáles son las vocales° españolas?   *vowels*

Unlike English vowels, Spanish vowels are consistent both in how they are pronounced and in the fact that they are always pronounced. (Except for **h**, Spanish has no silent letters.) Spanish single vowels are short and tense. They are never drawn out with a *w* or *y* sound as in English. For example, the Spanish *o* of **no** is short and tense, while in the English word *no* the *o* is much longer and ends in a *w* sound. Listen to how the two words are pronounced differently on the audio program.

 In the English word *no*, the *o* is much longer and ends in a *w* sound. Listen as English *no* is repeated several times.

no   no   no

The **o** in the Spanish word **no** is short and tense. Listen as Spanish **no** is repeated several times.

no   no   no

ACTIVIDAD E Las vocales

Listen to the description of how each Spanish vowel is pronounced. Then listen carefully to how the vowels are said in each of the words listed below. You may listen more than once. When you think you can imitate the words well, say them after the speaker.

a: pronounced like the *a* in *father*, but short and tense
para   carta   gata

e: pronounced like the *e* in *they*, but without the *y* glide
Pepe   trece   bebé

i: pronounced like the *i* in *machine*, but short and tense
Mimi   Trini   Pili

o: pronounced like the *o* in *home*, but without the *w* glide
como   poco   somos

u: pronounced like the *u* in *rule*, but short and tense
Lulú   tutú   gurú

PRONUNCIACIÓN

Algo más sobre las vocales

Note that Spanish does not "weaken" vowels the way English does. Unstressed vowels in English generally take on an "uh" sound.

 Listen as the speaker says the following English words and note how the unstressed underlined vowels all sound roughly the same.

constit<u>u</u>t<u>io</u>n   m<u>a</u>teri<u>a</u>l   th<u>e</u> pr<u>o</u>fess<u>or</u>

Now listen to the Spanish equivalents. Note that no vowels are "weakened"; they are all pronounced as you learned them in the previous activity.

constitución   materia   el profesor / la profesora

 ## ACTIVIDAD F Cognados

Cognates are often the most difficult words for beginning students to pronounce correctly because there is a tendency to carry over the strong and weak vowels from English. Listen to the cognate words below and practice saying them aloud. Be sure not to weaken any vowels.

1. ciencia
2. matemáticas
3. la velocidad
4. la revelación
5. un estudiante universitario
6. una profesora de filosofía

 ## ACTIVIDAD G Más práctica

It is also important to pronounce unstressed word endings clearly. They may contain information that you are not used to attending to, but that may be important for a listener. For example, unstressed adjective endings may contain gender agreement, and nouns often reflect gender differences by their endings. Listen to and practice saying the following out loud.

1. atractivo, atractiva
2. bonito, bonita
3. romántico, romántica
4. gato (*male cat*), gata (*female cat*)
5. chico, chica
6. un chico atractivo
7. una chica atractiva

VIDEOTECA:

Los hispanos hablan[1]

*Paso 1   Read the following **Los hispanos hablan** selection. Then answer the following questions.

1. Mónica probablemente (*probably*) es una estudiante _____.
   a. excepcional   b. horrible   c. regular (*so-so*)

2. ¿Cuál es la oración (*sentence*) correcta?
   a. A Mónica le gustan todas las materias por igual (*the same*).
   b. Mónica tiene varias opiniones sobre las materias.
   c. A Mónica no le gustan para nada todas las materias.

3. Mónica usa una palabra que es sinónimo (*synonym*) de **materias.** ¿Qué palabra
   usa? _____

Los hispanos hablan

¿Qué materias te gusta estudiar?

NOMBRE: Mónica Prieto
  EDAD:[a] 24 años[b]
   PAÍS: España

«Me gusta mucho estudiar, pero algunas cosas me gustan más que otras.
Por ejemplo,[c] no me gustan para nada las matemáticas porque me parecen[d]
muy difíciles.»

«En España estudiábamos[e] el latín, el griego,[f] el inglés. Y otras asignaturas que tenía[g] eran la
religión y la filosofía. La religión me parece aburrida pero la filosofía me parece muy interesante.
Sin embargo,[h] mis favoritas son los idiomas.»

---

[a]*Age* [b]*years (old)* [c]*Por... For example* [d]*me... they seem to me* [e]*we used to study* [f]*Greek* [g]*I used to have*
[h]*Sin... Nevertheless*

---

*Paso 2   Now listen to the complete segment before answering the following questions.

VOCABULARIO ÚTIL

más o menos	*more or less*
estudiaba	*I used to study*
me encantan	*I love (lit. they enchant me)*

1. ¿Qué prefiere Mónica, las matemáticas o las ciencias?
2. ¿Qué le gusta más, la química o la física?
3. ¿Qué materia prefiere, la religión o la filosofía?
4. De todas las materias, ¿cuál es su favorita? Da ejemplos (*Give examples*).

Paso 3   Complete the paragraph with information about yourself. Soy (diferente de / similar a) _____

Mónica porque (sí/no) _____ me gustan mucho los idiomas y no me gusta(n) mucho _____.

---

[1]The **Los hispanos hablan** segments are also available on the Video on CD to accompany *¿Sabías que... ?*, as well
as on the Online Learning Center (www.mhhe.com/sabiasque5).

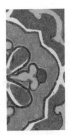

UNIDAD UNO
Entre nosotros

LECCIÓN **1**

¿Cómo es tu horario?

In this lesson of the *Manual* you will review and continue to practice what you have learned in class. The goals of this lesson are

◆ To learn more about your own daily routine and that of friends, instructors, and others

◆ To review how to express time of day and days of the week when talking about daily routines

◆ To review the singular forms of the present tense verb system in Spanish, including regular, stem-vowel changing, and reflexive verbs

◆ To review words and phrases that express frequency

Suggestion: Before beginning this lesson, reread *Notes to students* that precedes *Lección preliminar* to review the procedures for using these materials.

You can find additional quizzes to practice the grammar, vocabulary, and cultural themes covered in this lesson on the *¿Sabías que... ?* Online Learning Center website at **www.mhhe.com/sabiasque5**.

IDEAS PARA EXPLORAR

La vida de todos los días

VOCABULARIO

¿Cómo es una rutina?

Talking about daily routines

ACTIVIDAD A La vida estudiantil y la vida real

How different or similar are the daily routines of a college student and a businessperson? For each statement below indicate whether you think it applies to a student, to a businessperson, or to both.

	ESTUDIANTE	HOMBRE/MUJER DE NEGOCIOS	LOS DOS
1. Se levanta temprano.	☐	☐	☐
2. Desayuna café con leche.	☐	☐	☐
3. Lee el periódico.	☐	☐	☐
4. Asiste a clase por la noche.	☐	☐	☐
5. Habla con sus colegas de la oficina.	☐	☐	☐
6. Escucha música.	☐	☐	☐
7. Hace ejercicio por la tarde.	☐	☐	☐
8. Estudia en la biblioteca.	☐	☐	☐
9. Cena con sus amigos.	☐	☐	☐
10. Se acuesta tarde.	☐	☐	☐

*ACTIVIDAD B Estudiantes y rutinas

Match each student with an activity that logically corresponds to his or her major.

ESTUDIANTE/ESPECIALIZACIÓN

1. _____ Isabel, estudiante de educación física
2. _____ Alex, estudiante de literatura francesa
3. _____ Viviana, estudiante de idiomas extranjeros
4. _____ Patricia, estudiante de música
5. _____ Eugenio, estudiante de ingeniería
6. _____ Sofía, estudiante de teatro
7. _____ Olga, estudiante de geografía
8. _____ Vicente, estudiante de periodismo

ACTIVIDAD

a. Escucha cintas (*tapes*) o CDs en el laboratorio.
b. Toca la guitarra y el piano.
c. Lee muchas novelas.
d. Trabaja mucho con números y calculadoras.
e. Estudia muchos mapas.
f. Asiste a muchos espectáculos teatrales.
g. Hace ejercicio aeróbico.
h. Lee muchos periódicos y escribe mucho.

ACTIVIDAD C Mejores° amigos

°Best

In the space below write the name of your best friend. On the audio program a speaker will make a number of statements about daily routines. For each, indicate whether it is true of your friend or not. Listen more than once if you like. ¡OJO! Remember that Spanish can omit subject pronouns. The speaker on the audio program assumes that you know your best friend is the subject so there is no need to include either a subject or a subject pronoun.

MODELO   (*you hear*) Se levanta muy tarde. →
              (*you say*) Es cierto.
                      or Es falso.
              (*you mark the appropriate box*)

Nombre de mi mejor amigo/a _____

	ES CIERTO	ES FALSO
1.	☐	☐
2.	☐	☐
3.	☐	☐
4.	☐	☐
5.	☐	☐
6.	☐	☐
7.	☐	☐
8.	☐	☐

*ACTIVIDAD D ¿Cuándo?

You will hear a student's brief monologue describing his roommate's schedule. Indicate whether the roommate does each activity listed in the morning, in the afternoon, or in the evening.

		POR LA MAÑANA	POR LA TARDE	POR LA NOCHE
1.	Asiste a clases.	☐	☐	☐
2.	Hace ejercicio.	☐	☐	☐
3.	Lee un libro.	☐	☐	☐
4.	Trabaja en el laboratorio.	☐	☐	☐
5.	Estudia en la biblioteca.	☐	☐	☐
6.	Habla con sus amigos.	☐	☐	☐
7.	Sale con los amigos.	☐	☐	☐

 **COMUNICACIÓN**

 ## PARA ENTREGAR Diferentes actividades

Provide at least three activities a person might do that logically complete these sentences. Don't repeat any activities! ¡OJO! In some cases you have to write more than a simple verb, such as **lee el periódico** instead of **lee.**

1. _____
   _____ } por la mañana.
   _____

2. _____
   _____ } con los amigos por la noche.
   _____

3. _____
   _____ } en clase todos los días.
   _____

4. _____
   _____ } por la tarde en la biblioteca.
   _____

GRAMÁTICA

¿Trabaja o no?

Talking about what someone else does

 ## ACTIVIDAD E Mi profesor o profesora

Listen to the speaker on the audio program make statements about your instructor. Decide whether each is true or false.

MODELO   (*you hear*) Mira la televisión todos los días. →
             (*you might say*) Sí.

1...   2...   3...   4...   5...   6...   7...   8...   9...

ACTIVIDAD F La rutina del profesor (de la profesora)

Using words you already know, write five sentences about what you think your instructor's daily habits are. Keep these five sentences; you will add to them later. (By the end of this lesson you will have a long list of your instructor's activities.)

MODELO   Habla mucho por teléfono.

1. _____

2. _____

3. _____

4. _____

5. _____

ACTIVIDAD G ¿Sí o no?

Once again listen to the speaker make statements about your instructor's daily routine. Decide if each is true or false.

> MODELO   (*you hear*) Mira la televisión por la noche. →
> (*you might say*) Sí.

1...   2...   3...   4...   5...

*ACTIVIDAD H María García

While you can only make intelligent guesses about your instructor's routine, you know what the daily life of a student is like. Using the following guides, write sentences that indicate what a day is like for **María García, estudiante universitaria típica.**

1. María (levantarse con dificultad / levantarse sin dificultad) si es muy temprano.

   _____

2. María siempre (*always*) (hacer ejercicio / desayunar con café) para comenzar el día.

   _____

3. (Almorzar / Dormir) entre (*between*) las clases.

   _____

4. En la biblioteca (estudiar / hablar con los amigos).

   _____

5. Después de las clases, (tener que estudiar / tener que trabajar).

   _____

6. Por la noche, (acostarse / escribir la tarea) después de mirar el programa de David Letterman.

   _____

COMUNICACIÓN

PARA ENTREGAR La rutina de mi profesor(a)

Add five more sentences to the list of your instructor's daily routines (**Actividad F**). You should now have a total of ten sentences. Review what you have written, make any changes necessary, and turn in the list to your instructor. Do you think you have a good idea of how your instructor spends his or her day?

IDEAS PARA EXPLORAR

Durante la semana

VOCABULARIO

¿Con qué frecuencia?

Talking about how often people do things

 *ACTIVIDAD A El horario

You will hear a series of statements. Each one will describe the activity being done in one of the pictures below. Number the pictures in the order in which they are described. You may need to listen more than once.

a. _____

b. _____

c. _____

d. _____

e. _____

f. _____

g. _____

h. _____

ACTIVIDAD B La rutina del presidente

Below are a number of activities that the President of the United States might do in a given week. Finish each with the phrase that indicates the frequency with which he performs each activity.

MODELOS Se levanta temprano *frecuentemente*.
Duerme ocho horas *raras veces*.

1. Consulta con el vicepresidente _____

2. Hace ejercicio _____

3. Le pide consejos (*asks for advice*) a su esposa (*wife*) _____

4. Piensa en la situación económica _____

5. Se duerme en la oficina ovalada _____

6. Escucha música _____

7. Habla por teléfono con varios miembros del Congreso _____

8. Mira la televisión antes de (*before*) acostarse _____

COMUNICACIÓN

PARA ENTREGAR ¿Quién es?

You have just completed sentences describing the schedule of the President of the United States. Now write a short paragraph (five to seven sentences) that describes another famous person's routine. Be sure to include activities that help to identify the person and note the frequency with which he or she does each. For example, you might write about Madonna.

Ella canta y actúa en películas. Hace vídeos musicales y escribe libros para niños. Le gusta cuidar a sus hijos, Lourdes y Rocco.

See if you can provide enough information so that your instructor can identify the person! End your paragraph with the question **¿Quién es?**

VOCABULARIO

¿Qué día de la semana?

Days of the week

ACTIVIDAD C María García

Circle the correct completion(s) for each statement about **María García, estudiante universitaria típica.**

1. No tiene clases _____.
   a. los lunes   b. los jueves   c. los domingos

2. Tiene clase de español _____.
   a. los lunes   c. los miércoles   e. los viernes
   b. los martes   d. los jueves   f. todos los días

3. No le gusta tener exámenes _____.
   a. los lunes   b. los miércoles   c. los viernes

4. Le gustan _____ porque generalmente no hay clases los sábados y los domingos.
   a. los lunes
   b. los sábados
   c. los viernes

5. Puede levantarse tarde _____.
   a. los jueves
   b. los sábados

*ACTIVIDAD D Los días del fin de semana

You will hear a conversation between Sandra and Dolores, two university students, as they discuss their weekend activities. Listen closely and indicate whether each statement below is **probable** or **improbable.** Note: Sandra's first line in the conversation contains verb forms you have not learned yet. Can you guess what she is saying?

1. Sandra trabaja mucho los fines de semana. ¿Es probable o improbable? _____

2. Dolores estudia en la biblioteca los sábados. ¿Es probable o improbable? _____

3. Dolores se levanta temprano los domingos. ¿Es probable o improbable? _____

COMUNICACIÓN

PARA ENTREGAR ¿Cuánto sabes?°

¿Cuánto... *How much do you know?*

Based on what you know about your university or college, answer the following questions. If you need to look up information, do so!

1. ¿Hay clases todos los días?
2. ¿Hay clases de química orgánica los lunes por la mañana?
3. ¿Qué tipo de clase de español hay por la tarde los viernes?
4. ¿Tiene el profesor (la profesora) horas de oficina los martes?
5. ¿Hay reuniones de un club especial los jueves?
6. ¿Hay un club de español?
7. ¿Está abierta (*open*) la biblioteca los domingos por la mañana? ¿Cuáles son las horas?
8. ¿Está abierto el laboratorio de lenguas los sábados por la noche?

GRAMÁTICA

¿Y yo?

Talking about your own activities

ACTIVIDAD E ¿Sábado o lunes?

All things considered, would the following statements describe your typical Saturday, Monday, or both?

	SÁBADO	LUNES	LOS DOS
1. Me levanto temprano.	☐	☐	☐
2. Escribo la tarea.	☐	☐	☐
3. Salgo al cine con mis amigos.	☐	☐	☐
4. Tengo clase de español.	☐	☐	☐
5. Estudio en la biblioteca.	☐	☐	☐
6. Hablo con el profesor.	☐	☐	☐

	SÁBADO	LUNES	LOS DOS
7. Voy a un club a escuchar música.	☐	☐	☐
8. Me acuesto temprano.	☐	☐	☐
9. Miro un programa de televisión.	☐	☐	☐
10. Leo mucho para mis clases.	☐	☐	☐

ACTIVIDAD F Mi rutina

Using the following verbs, write sentences describing what you do on a given day, in chronological order. You can use the connectors **luego** (*then*) and **después** (*afterward*) to give sequence to your sentences.

almorzar	despertarse	leer	poder
asistir	ir	mirar	salir

_____

_____

_____

_____

_____

_____

_____

_____

*ACTIVIDAD G Esta persona...

Listen to what the speaker says on the audio program. Write it down on the line and then complete the statement that follows.

1. « _____ »

Esta persona probablemente...
a. tiene dificultad en poner atención.
b. no duerme lo suficiente por la noche.
c. *a y b.*

2. « _____ »

Esta persona probablemente...
a. toca la guitarra.
b. juega deportes.
c. trabaja por la tarde.

3. « _____ »

Esta persona probablemente...
a. estudia biología.
b. descansa (*rests*) mucho.
c. *a y b.*

4. « _____ »

Esta persona probablemente...
a. recibe malas notas (*grades*).
b. piensa mucho en su futuro.
c. pasa mucho tiempo en la biblioteca.

5. «_____»

Esta persona probablemente...
a. mira mucho la televisión.   b. se acuesta tarde.   c. *a y b.*

6. «_____»

Esta persona probablemente...
a. tiene cinco clases este   b. no asiste a clases por   c. come en la cafetería.
   semestre.   la tarde.

ACTIVIDAD H ¿Sí o no?

Listen as the speaker makes a statement about his daily routine. If the same is true for you, say **Yo también.** If not, say **Yo no.**

> MODELO (*you hear*) Tengo algunas clases difíciles. Debo estudiar todas las noches. →
> (*you might say*) Yo también.

1...   2...   3...   4...   5...   6...   7...

PARA ENTREGAR José Blanco

Paso 1 Read the following description of a student. Note again that Spanish does not need to use subject nouns or subject pronouns once the identity of the subject (José) has been established.

José Blanco es un estudiante mexicano. Estudia en la UNAM, la Universidad Autónoma de México. Los lunes y los miércoles va a la universidad porque tiene tres clases este semestre: Antropología I, Historia II y Sociología I. Los jueves, los viernes y los sábados trabaja. Los días de clase se levanta a las 7.00, se ducha y se viste rápidamente y desayuna con la familia. Va en carro a la UNAM; casi nunca toma el autobús. Vuelve a casa para almorzar con la familia y después vuelve a la universidad. Regresa a casa por la tarde normalmente a las 6.00, descansa y estudia o lee. Tiene que estudiar todas las noches pero a veces no tiene tiempo (*time*). No le gusta mirar la televisión porque piensa que es malo para el cerebro (*brain*). Cena en casa y luego sale con los amigos. Regresa a casa para las 11.00 y se acuesta. Siempre se duerme en seguida (*right away*).

Paso 2 Write at least ten sentences in which you compare and contrast your class days with José's. (Do use subject nouns and pronouns here for comparison and emphasis.)

> MODELO José es estudiante mexicano; yo soy estudiante norteamericano/a.

IDEAS PARA EXPLORAR
Más sobre las rutinas

VOCABULARIO

¿A qué hora... ?

Telling when something happens

*ACTIVIDAD A El horario de Clara

Look at the drawings and listen as the speaker on the audio program says the time of day when Clara does each activity. Write the correct time in the appropriate blank. Remember to check your answers in the Answer Key.

1. _____   2. _____   3. _____   4. _____

5. _____   6. _____   7. _____

*ACTIVIDAD B ¿A qué hora se levanta?

You will hear a conversation between Rodolfo and Katrina, two university students. They are discussing the time people get up in the morning. Answer the following questions according to what you hear. You may listen more than once if you need to. (Note: **después de** = *after*)

1. ¿Quién se levanta muy temprano, Rodolfo o Katrina? _____

2. ¿Quién se acuesta tarde, Rodolfo o Katrina? _____

3. ¿Quién hace ejercicio por la mañana? _____

4. ¿Qué días de la semana se levanta Rodolfo a las 8.00? _____

COMUNICACIÓN

PARA ENTREGAR El horario de Tomás

Paso 1 For each illustration, write a sentence that describes Tomás's schedule.

1. 7.00

2. 7.10

3. 8.30

4. 5.20

5. 6.45

6. 11.00

Paso 2 How does your schedule compare to Tomás's? Rewrite your sentences from **Paso 1** according to the model and turn them in to your instructor.

MODELO Tomás se levanta a las 7.00, y yo también me levanto a esa hora.
   or Tomás se levanta a las 7.00, pero yo me levanto a las 8.00.

GRAMÁTICA

¿Y tú? ¿Y usted?

ACTIVIDAD C Mi rutina

Listen as the speaker asks a series of questions. Circle the answer that applies to you.

MODELO   (*you hear*) ¿Te acuestas tarde o temprano? →
           (*you select from*)   a.   tarde   b.   temprano

1. a. sí   b. no
2. a. sí   b. no
3. a. sí   b. no
4. a. sí   b. no
5. a. sí   b. no
6. a. en casa   b. en la universidad   c. a veces (*sometimes*) en casa, a veces en la universidad
7. a. por la tarde   b. por la noche   c. a veces por la tarde, a veces por la noche
8. a. los viernes   b. los sábados   c. a veces los viernes, a veces los sábados
9. a. en la biblioteca   b. en mi cuarto   c. a veces en la biblioteca, a veces en mi cuarto
10. a. por la mañana   b. por la noche   c. a veces por la mañana, a veces por la noche

*ACTIVIDAD D Preguntas

Using the words given, create questions that you can ask someone in class. Check your questions in the Answer Key, then practice your questions out loud.

MODELO   vivir / en la residencia estudiantil / apartamento / con tu familia →
          ¿Vives en la residencia estudiantil, en un apartamento o con tu familia?

1. estudiar / por la mañana / por la tarde / por la noche

_____

2. hacer ejercicio / los días de trabajo / los fines de semana

_____

3. levantarte / temprano / tarde / los fines de semana

_____

4. preferir / leer un libro / mirar la televisión / para descansar

_____

5. hacer tarea / para todas las clases

_____

6. gustar / cenar / en casa / restaurante / cafetería (¡**OJO**! Remember that **gustar** means *to be pleasing*.)

_____

7. generalmente / acostarte / temprano / tarde / los días de trabajo

_____

8. ir a la universidad / en autobús / en carro

_____

9. gustar / escuchar música / cuando estudiar

_____

10. tener que asistir a clase / todos los días

_____

*ACTIVIDAD E Entrevista

If you were to interview a professor, you would use the **Ud.** form. Make up some questions for **el profesor Rodríguez,** someone who may visit class tomorrow. What can you ask him about his daily schedule? Use the cues.

MODELO   tener clase / ¿A qué hora... ? →
              ¿A qué hora tiene Ud. clase?

1. levantarse / ¿A qué hora... ? _____

2. desayunar / ¿A qué hora... ? _____

3. ir a la universidad / ¿Qué días de la semana... ? _____

4. trabajar en su oficina / ¿Cuándo... ? _____

5. volver a casa / ¿A qué hora... ? _____

COMUNICACIÓN

PARA ENTREGAR Situaciones

Read the two sets of dialogues that follow. Determine whether the people would use **tú** or **Ud.** with each other. Then write the parts that are missing.

Situación uno   Roberto, estudiante de 20 años y Andrea, estudiante de 20 años. En la cafetería de la Universidad Estatal de California, Long Beach.

ROBERTO: Hola. Me llamo Roberto Salinas. Trabajo en el periódico. ¿Puedo hacerte unas preguntas para un artículo sobre la vida estudiantil?

ANDREA: ¡Sí! ¡Cómo no!

ROBERTO: Gracias. Primero, ¿_____¹?

ANDREA: Andrea Pérez de Cuéllar.

ROBERTO: ¿_____²?

ANDREA: No. Soy de Fresno.

ROBERTO: ¿_____³?

ANDREA: Sí, me gusta, pero el área metropolitana de Los Ángeles es enorme.

ROBERTO: Eso sí es verdad. ¿_____⁴?

ANDREA: Solamente estudio. No tengo tiempo para trabajar.

ROBERTO: ¿_____⁵?

ANDREA: Veintiún créditos.

ROBERTO: Yo sólo tengo dieciséis. ¿_____⁶?

ANDREA: (laughing) Sí, sí, duermo.

ROBERTO: Pues, ¿_____⁷ en general?

ANDREA: Bueno. Depende. Normalmente me acuesto a las 11.30 porque me gusta mirar las noticias de las 11.00 en la televisión.

ROBERTO: Y ¿_____⁸?

ANDREA: A las 7.00. Tengo una clase a las 9.00 todos los días.

ROBERTO: ¿_____⁹?

ANDREA: Soy estudiante de ciencias sociales…

Situación dos   Una estudiante de psicología, de 22 años, y una mujer de 45 años. Fuera de (Outside of) un supermercado (supermarket).

ESTUDIANTE: Buenos días. Me llamo Juanita Trujillo. Hago un estudio para mi clase de psicología y me gustaría hacerle algunas preguntas.

MUJER: Bueno, si no son muchas.

ESTUDIANTE: No, unas cinco o seis. Gracias. Primero, ¿_____¹⁰?

MUJER: A las 6.00 de la mañana.

ESTUDIANTE: ¿_____¹¹?

MUJER: Bueno, normalmente me acuesto a las 12.00 de la noche.

ESTUDIANTE: Entonces, _____.¹²

MUJER: Sí. Seis horas. A veces menos.

ESTUDIANTE: Y cuando _____,¹³ ¿_____¹⁴?

MUJER: Normalmente, cuando me levanto, me gusta desayunar o leer el periódico.

VOCABULARIO

¿Qué necesitas hacer?

Talking about what you need or have to do on a regular basis

ACTIVIDAD F ¡Di la verdad!°

¡Di... *Tell the truth!*

For each of the statements below, mark either **cierto** or **falso,** whichever is more accurate for you.

		CIERTO	FALSO
1.	Necesito estudiar todos los días.	☐	☐
2.	Prefiero estudiar por la noche.	☐	☐
3.	Tengo que asistir a clase todas las tardes.	☐	☐
4.	No puedo levantarme temprano regularmente.	☐	☐
5.	Frecuentemente quiero escuchar música.	☐	☐
6.	Prefiero cenar en restaurantes, no en casa.	☐	☐
7.	No puedo hacer ejercicio aeróbico todos los días.	☐	☐
8.	Tengo que leer mi correo electrónico todas las mañanas y todas las noches.	☐	☐

*ACTIVIDAD G Paco y Jorge

You will hear a conversation between Paco and Jorge. Paco is asking Jorge about his work schedule. After listening, answer the following questions. You may listen more than once.

1. ¿Necesita Jorge trabajar todos los días? _____

2. ¿Necesita Jorge trabajar por la noche? _____

3. ¿Qué días necesita trabajar Jorge? _____

4. ¿Qué hace Jorge regularmente los sábados por la noche?

_____

_____

COMUNICACIÓN

PARA ENTREGAR Tus hábitos

Answer the following questions about yourself, using complete sentences.

1. ¿Qué días necesitas asistir a clases?
2. ¿A qué hora debes levantarte los lunes? ¿y los jueves?
3. ¿Qué te gusta hacer por la noche los días de clase?
4. ¿A qué hora prefieres levantarte los días del fin de semana?
5. ¿Qué te gusta hacer los fines de semana?
6. ¿Qué necesitas hacer los fines de semana?
7. ¿Dónde prefieres estudiar?

PRONUNCIACIÓN

Algo más sobre las vocales

Diphthongs   You learned in the previous lesson that single Spanish vowels are pronounced differently from English vowels. But what happens when one vowel follows another? Normally in Spanish, two contiguous vowels form a diphthong when one of the vowels is **i** or **u**. This means that the vowels blend to form one vowel sound. For example, the name **Eduardo** is not pronounced **e-du-ar-do** but something like **e-dwar-do.** And the word **veinte** is pronounced **beyn-te** and not **be-in-te.**

   Note that in the sequences **que, qui, gue,** and **gui,** the **u** is present only to signal how the consonants are pronounced. You will learn more about this later. For now, do not pronounce those sequences as diphthongs but rather as the single vowels **e** and **i.** For example, **Miguel → mi-gel; inquieto → in-kye-to,** and so on.

 ## ACTIVIDAD A Diptongos

Listen as the speaker pronounces the following words containing common diphthong patterns. After listening, try to match the speaker's pronunciation as closely as possible.

1. también   siete   viene   se despierta
2. idioma   periódico   matrimonio   Antonio
3. Eduardo   lengua   cuatro   cuando
4. buena   nueve   puede   se acuesta
5. seis   veinte   veintiuno
6. materia   estudia   diariamente

Note that in some combinations, a written accent indicates that strong stress is required on a vowel, thus eliminating the diphthong. Words such as **día** and **categoría** are not pronounced the same as the words in number 6 above.

PRONUNCIACIÓN

Aun más sobre las vocales

 Linking Syllables Across Words   In Spanish, if the first sound of a word is a vowel, that vowel generally is "linked" with the previous syllable, even though the syllable belongs to a different word.

Listen as the speaker pronounces the following question:

   ¿Qué materia͜ estudias?

The **e** sound of **estudias** blends with the **ia** diphthong of **materia** to make a diphthong of three vowels (a triphthong!). When the two vowels are the same, most speakers tend to treat them as a single vowel.

   ¿De dónde͜ eres?

ACTIVIDAD B Práctica

Listen as the speaker says each of the following statements. You need not repeat for practice; just try to get used to hearing linking across word boundaries. Before continuing, you may want to stop the audio program and underline the contiguous vowels to help focus your listening.

1. Tengo una clase de español.
2. Esa persona estudia antropología.
3. ¿De dónde es?
4. Se levanta a las seis.
5. ¿Funcionas mejor de día o de noche?
6. Es bueno hablar un idioma extranjero.

Did you notice that since the **h** of **hablar** is silent, **bueno** and **hablar** also link?

PRONUNCIACIÓN

Entonación y ritmo

Pitch and Stress in Questions and Statements   You may have noticed that Spanish and English differ in their intonational and rhythmic patterns. Spanish does not have as many levels of stress for vowels as does English, and Spanish also tends to make all vowels roughly equal in length so that there is no system of short and long vowels that lead to the *uh* sound, as in English.

In terms of intonation, it is important to realize that Spanish questions and declarative statements often sound alike. That is, the stress and pitch levels drop off at the end, rather than rise, as in English.

 Listen as the speaker pronounces these two questions. Notice that in Spanish the intonational pattern sounds more like a declarative statement than a question.

¿A qué hora te levantas?

What time do you get up?

Only in yes/no questions does Spanish normally rise in pitch at the end of a question.

¿Te levantas a las 8.00?

 ACTIVIDAD C Entonación

Try to determine whether the speaker is making a statement or asking a question.

1... 2... 3... 4... 5... 6...

Just as in any other language, dialectal and individual variations occur in intonation. As you listen to more and more Spanish, be alert to speakers' intonational and rhythmic patterns. Are some easier for you to understand than others?

VIDEOTECA:

Los hispanos hablan

*Paso 1 Read the following **Los hispanos hablan** selection. The blank represents a deleted word. Based on what you read, what is the missing word?

Los hispanos hablan

¿Funcionas mejor de día o de noche?

NOMBRE: Néstor Quiroa

EDAD: 28 años

PAÍS: Guatemala

«Yo, por ser original de Guatemala, me gusta mucho el café, y tomo[a] café durante todo el día. Esto me da mucha energía,[b] y entonces la energía no se termina[c] hasta en la noche».

. . .

«En conclusión, pienso que funciono mejor de _____ porque el café me da energía».

_____
[a]*I drink* [b]*me… gives me a lot of energy* [c]*no… does not end*

*Paso 2 Now listen to the complete segment. Is your answer to **Paso 1** correct?

VOCABULARIO ÚTIL

el día siguiente   *the next day*
las hijas   *daughters*

1. Fill in the following grid with information about Néstor. Be sure to include one activity he does in the morning, one he does in the afternoon, and three activities he does at night.

Néstor…

POR LA MAÑANA…	POR LA TARDE…	POR LA NOCHE…

2. ¿Cierto o falso?

_____ Néstor toma café frecuentemente.

_____ Se acuesta a las 3.00 ó 4.00 de la mañana.

_____ Néstor es más activo por el día que por la noche.

LECCIÓN **2**

¿Qué haces los fines de semana?

In this lesson of the *Manual* you will review and continue to practice what you have learned in class. The goals of this lesson are

◆ To learn more about your weekend activities and those of friends, instructors, and others

◆ To review the plural forms of the present tense verb system in Spanish

◆ To review additional words and phrases that express frequency

◆ To review how to express negation in Spanish

◆ To review the use of **gustar** and further explore the topic of likes and dislikes

◆ To review vocabulary related to seasons, months, and the weather

◆ To review the simple future

 You can find additional quizzes to practice the grammar, vocabulary, and cultural themes covered in this lesson on the *¿Sabías que... ?* Online Learning Center website at **www.mhhe.com/sabiasque5**.

IDEAS PARA EXPLORAR

Actividades para el fin de semana

VOCABULARIO

¿Qué hace una persona los sábados?

Talking about someone's weekend routine

 *ACTIVIDAD A Sábados o domingos

You will hear a short description of the weekend activities of Blanca Cuervo, an exchange student from Ecuador. Indicate whether Blanca does each activity on Saturdays, Sundays, or if it's not mentioned.

	SÁBADOS	DOMINGOS	NO SE MENCIONA
1. Baila en una discoteca.	☐	☐	☐
2. Asiste a un concierto de música clásica.	☐	☐	☐
3. Limpia su casa.	☐	☐	☐
4. Va a la iglesia.	☐	☐	☐
5. Saca vídeos.	☐	☐	☐
6. Charla por teléfono con su familia.	☐	☐	☐
7. Estudia en casa.	☐	☐	☐
8. Escucha música.	☐	☐	☐
9. Toma café.	☐	☐	☐
10. Va de compras.	☐	☐	☐
11. Da un paseo por el *campus*.	☐	☐	☐
12. Navega la Red.	☐	☐	☐

*ACTIVIDAD B Causa y efecto

Match the effects in column A with their logical causes in column B.

A

1. _____ Marta no puede dormir bien porque...

2. _____ Alex limpia su apartamento porque...

3. _____ Pati va a la iglesia porque...

4. _____ Virginia corre cinco millas porque...

5. _____ Gustavo saca vídeos porque...

6. _____ Conchita no juega al tenis porque...

7. _____ Ramón se queda en casa porque...

8. _____ Diego va de compras porque...

B

a. se prepara para una carrera (*race*).
b. es estudiante de cinematografía.
c. toma mucho café.
d. no le gusta competir con otras personas.
e. tiene mucha tarea.
f. su madre viene de visita.
g. hoy es domingo.
h. mañana es el cumpleaños (*birthday*) de su compañero de cuarto.

*ACTIVIDAD C Asociaciones

What activity do you associate with each of these items or concepts? Phrase your activity using an infinitive verb form.

MODELO   Endust → limpiar la casa (el apartamento)

1. Maytag _____

2. VHS _____

3. el parque _____

4. Nike o Adidas _____

5. Windex _____

6. Banana Republic u Old Navy _____

7. La-Z-Boy _____

COMUNICACIÓN

PARA ENTREGAR Diferencias

Today's college student is not necessarily single, aged 18–22, or the resident of a dormitory. Many students are returning adults with families of their own. Do you think older students spend their weekends like younger students do? What differences and similarities might there be? Write an essay of about 100 words comparing and/or contrasting the weekend routines of these types of students. If possible, try to verify your information by interviewing an individual from each category. You may entitle your essay **"El estudiante tradicional y el estudiante contemporáneo."**

V O C A B U L A R I O

¿No haces nada?

Negation and negative words

ACTIVIDAD D Yo...

You will hear a series of statements about things the speaker never does. Respond with a true statement about yourself.

MODELO   (*you hear*) Yo nunca hago ejercicio. →
         (*you say*) Yo tampoco hago ejercicio.
             or Pues, yo sí.

1... 2... 3... 4... 5... 6... 7... 8...

ACTIVIDAD E El profesor (La profesora)

Write five statements about your instructor using **nunca** or **jamás.** You may select activities from the list below or come up with your own. If there is time during the next class, ask your instructor if the statements are accurate.

asistir a conciertos	dormir en la oficina	ir a la iglesia
correr	bailar en discotecas	acostarse tarde
dar paseos	tomar café	levantarse temprano

1. _____

2. _____

3. _____

4. _____

5. _____

ACTIVIDAD F Preguntas

For each question, select the response that best expresses your opinion.

1. ¿Tienes algún método para estudiar español?

   ☐ Sí, tengo un método.

   ☐ No, no tengo ningún método en particular.

2. ¿Haces mucho ejercicio para reducir la tensión?

   ☐ Sí, hago ejercicio.

   ☐ No, no hago nada.

3. ¿Tienes alguna opinión personal sobre la situación política en los Estados Unidos?

   ☐ Sí, tengo mi opinión.

   ☐ No, no tengo ninguna opinión.

4. ¿Consultas con un amigo cuando tienes problemas (personales, en tus estudios, etcétera)?

   ☐ Sí, consulto con un amigo.

   ☐ No, no consulto con nadie.

5. ¿Haces algo para resolver los problemas del medio ambiente (*environment*)?

   ☐ Sí, hago algo.

   ☐ No, no hago nada.

 COMUNICACIÓN

 PARA ENTREGAR Yo tampoco / Yo sí

Paso 1 Unscramble the following sentence segments, adding any necessary words and using correct verb forms to make complete statements.

> MODELO   lavar la ropa / sábados / nadie →
> Nadie lava la ropa los sábados.

1. estudiante típico / viernes / estudiar / jamás
2. conferencias / nadie / asistir a / domingos
3. tomar / nadie / café / a medianoche (*midnight*)
4. nada / estudiante típico / hacer / no / domingos
5. por la mañana / ir de compras / nadie
6. ningún / problema con los estudios / tener / nunca / estudiante típico
7. tener / estudiante típico / lunes / clase / ninguna

Paso 2 Following each statement you wrote for **Paso 1,** indicate whether the statement is true for you using **Yo tampoco** or **Yo sí.**

GRAMÁTICA

¿A quién le gusta... ?

More about likes and dislikes

*ACTIVIDAD G ¿Cuál es?

Paso 1 *¿Le o les?*

1. A la persona típica no _____ gusta dormirse en clase.

2. A la profesora de español _____ gusta cantar (*to sing*) y bailar.

3. A los atletas _____ gusta levantar pesas.

4. A mi amiga _____ gusta correr cuatro millas al día.

5. A los estudiantes no _____ gusta estudiar los sábados.

6. A los médicos (*doctors*) _____ gusta jugar al golf.

Paso 2 *¿Gusta o gustan?*

1. Según una encuesta (*survey*) reciente, cincuenta (50) de cada cien (100) personas dicen que no

   les _____ usar despertador para despertarse por la mañana.

2. Al estudiante típico no le _____ los exámenes finales.

3. A muchas personas en los Estados Unidos les _____ la comida (*food*) mexicana.

4. A muchos estudiantes les _____ tomar café cuando estudian.

5. Un artículo reciente dice que a las mujeres les _____ los carros deportivos.

6. Al niño típico no le _____ el brócoli.

ACTIVIDAD H Los estudiantes universitarios frente a los jubilados°

frente... *versus retired people*

What do you think is true for the two groups of people below? Mark each statement accordingly.

	LOS ESTUDIANTES UNIVERSITARIOS	LOS JUBILADOS
1. A estas personas no les gusta pasar el sábado en quehaceres domésticos (*household chores*) como, por ejemplo, limpiar la casa.	☐	☐
2. A estas personas les gusta quedarse en casa los viernes por la noche.	☐	☐
3. A estas personas les gusta pasar los fines de semana en la playa (*beach*).	☐	☐
4. A estas personas no les gusta el cine por la violencia.	☐	☐
5. A estas personas les gusta sacar vídeos los fines de semana.	☐	☐

	LOS ESTUDIANTES UNIVERSITARIOS	LOS JUBILADOS
6. A estas personas les gustan las barbacoas.	☐	☐
7. A estas personas les gusta recibir visitas (*to receive visitors*).	☐	☐
8. A estas personas no les gusta hacer ejercicio.	☐	☐

ACTIVIDAD I Isabel y sus amigos

*Paso 1 Listen to the person on the audio program make statements about her friends and herself. After her introductory statements, write each statement as you hear it.

1. _____
2. _____
3. _____
4. _____
5. _____
6. _____
7. _____
8. _____
9. _____

Paso 2 What is your opinion of this person and her friends?

☐ ¡Qué criticones! No les gusta nada.
☐ Son típicos. Les gustan algunas cosas y no les gustan otras.
☐ ¡Qué buena gente! Les gusta todo.

COMUNICACIÓN

PARA ENTREGAR Nos gusta...

Speak for the class! Complete each statement using **pero, y, porque,** or **por eso.**

MODELO Nos gusta la clase, _____. →
Nos gusta la clase, pero estamos nerviosos cuando hablamos.
or Nos gusta la clase, y por eso siempre asistimos.
or Nos gusta la clase, porque creemos que el español es interesante.

1. Nos gustan los viernes, _____.
2. No nos gustan los lunes, _____.
3. Nos gusta practicar el español fuera de clase, _____.
4. No nos gusta levantarnos temprano, _____.
5. Nos gustan los partidos de fútbol, _____.
6. Nos gusta ir a fiestas, _____.
7. Nos gustan los días en que trabajamos en grupos en la clase de español, _____.

IDEAS PARA EXPLORAR

Las otras personas

GRAMÁTICA

¿Qué hacen?

Talking about the activities of two or more people

 ### *ACTIVIDAD A Los domingos

Listen as the speaker makes a statement about what many families do on Sundays. Stop the audio program and write down the sentence you hear and place a checkmark next to the ones that are true for your family. (You can check your spelling and rendition of the sentence in the Answer Key.)

1. ☐ _____
2. ☐ _____
3. ☐ _____
4. ☐ _____
5. ☐ _____
6. ☐ _____
7. ☐ _____
8. ☐ _____
9. ☐ _____
10. ☐ _____

*ACTIVIDAD B Rafael y Jesús

Listen as the speaker gives the activities and schedule for two students who live together. Afterward, fill in each sentence with the correct information. Be sure to note the third-person verb forms. You may listen more than once.

1. Rafael y Jesús tienen clases de biología y _____.
2. Nunca se acuestan antes de (before) las _____ de la mañana.
3. Se levantan a las _____ de la mañana.
4. Los _____ no tienen clases.
5. En casa, Rafael _____ la ropa y Jesús _____ el apartamento.
6. Los _____ juegan al tenis.
7. También van al _____.

**COMUNICACIÓN**

PARA ENTREGAR La ciudad de México

Paso 1 What do people in Mexico City do on weekends? Where do they go? What time do they get up? What time do they eat lunch? Select from among the verbs and write out the paragraph about life in Mexico City. (One verb will be used twice.)

almuerzan	charlan	se acuestan
asisten	dan	toman
cenan	juegan	van

La Ciudad de México abunda (*abounds*) en actividades y atracciones. Los fines de semana ofrecen

muchas diversiones a los residentes. Los viernes por la noche muchas personas _____[1] al cine y

después _____[2] en un restaurante. Los sábados muchas personas _____[3] a la 1.00 o a las 2.00. Después

_____[4] de compras en la zona histórica. Por la noche algunas personas _____[5] al Ballet Folklórico y

otras a un concierto. _____[6] a medianoche o a la 1.00. Los domingos por la tarde muchas personas

_____[7] un paseo por el parque de Chapultepec si hace buen tiempo (*if it's good weather*). En el parque

_____[8] con sus amigos y _____[9] café. Muchos niños _____[10] al fútbol. En general, los residentes de la

Ciudad de México se divierten (*have fun*) y descansan (*rest*) los fines de semana.

Paso 2 How do the weekend activities of people in Mexico compare to those of people in your hometown? Write at least five sentences in which you say what people in your hometown do differently or the same.

> MODELO En San Francisco, muchas personas también van de compras los sábados. Van a Union Square donde están Neiman Marcus y Macy's.

GRAMÁTICA

¿Qué hacemos nosotros?

Talking about activities that you and others do

ACTIVIDAD C Todos los días

***Paso 1** Listen to the couple on the audio program tell about their daily routine. Stop the audio program after each statement and write down what you've heard.

_____

_____

_____

_____

_____

_____

_____

_____

_____

*Paso 2   Number the events in the order in which they probably occur.

Paso 3   Now check the Answer Key to see in what order these events occur. How close is your order? Did you spell everything correctly?

*ACTIVIDAD D En la clase de español...

The questions below are addressed to you as the representative of your Spanish class. Answer each one using complete sentences. Remember to use the **nosotros** form of the verb.

1. ¿Tienen que levantar* la mano (*raise your hand*) para hablar en clase?

   _____

2. ¿Hacen Uds. muchas actividades en grupos de dos o tres?

   _____

3. ¿Escriben muchas composiciones fuera de (*outside of*) clase?

   _____

4. ¿Escuchan música latina en clase?

   _____

5. ¿Hablan únicamente en español?

   _____

6. ¿Pueden usar libros durante los exámenes o las pruebas?

   _____

7. ¿Siempre se quedan en el salón de clase (*classroom*) o a veces se van a otro lugar (*place*)?

   _____

COMUNICACIÓN

PARA ENTREGAR Todos los días

Arrange the answers to the questions in **Actividad D** into a logically constructed paragraph. You know many useful words such as **también** (*also*), **y** (*and*), and **pero** (*but*) to help you connect ideas. Here are three more that might be useful: **si** (*if*), **porque** (*because*), **por eso** (*for that reason*). You may wish to begin your paragraph as indicated in the model. Turn in your paragraph to your instructor.

   MODELO   En la clase de español, nosotros...

_____

*You know **levantarse** means *to get up*. Nonreflexive **levantar** means *to raise, lift up*. **Despertarse** means *to wake up*; **despertar** means *to wake someone else up*.

IDEAS PARA EXPLORAR
El tiempo y las estaciones

VOCABULARIO

¿Qué tiempo hace?

Talking about the weather

*ACTIVIDAD A El tiempo

Circle the letter of the response that best matches or completes each description.

1. Cuando hace mal tiempo, _____.
   - a. hace sol
   - b. está despejado
   - c. está nublado

2. Cuando está nublado y llueve, muchas veces también _____.
   - a. hace sol
   - b. hace viento
   - c. hace buen tiempo

3. Cuando hace buen tiempo, hace calor y _____.
   - a. llueve
   - b. está nublado
   - c. hace sol

4. Cuando no hace calor, pero tampoco hace frío, decimos que _____.
   - a. hace fresco
   - b. hace sol
   - c. está nublado

5. En Seattle, _____.
   - a. nieva mucho
   - b. llueve mucho
   - c. hace mucho calor

ACTIVIDAD B Más sobre el tiempo

You will hear five definitions or descriptions related to the weather. For each, two possible responses are given. Listen carefully and then say the correct response for each.

> MODELO (*you see*) a. Está despejado. b. Llueve.
> (*you hear*) Esta frase describe un día que no está nublado. →
> (*you say*) Está despejado.
> (*you hear*) Está despejado. Cuando no está nublado, está despejado.

1. a. Hace buen tiempo.   b. grados centígrados
2. a. Hace sol.   b. Nieva.
3. a. Hace fresco.   b. Hace sol.
4. a. Hace viento.   b. Hace buen tiempo.
5. a. Está nublado.   b. grados centígrados

 COMUNICACIÓN

 ## PARA ENTREGAR Hablando del tiempo

Below is part of a phone conversation between Susana and her friend Esteban. Susana is visiting the Grand Canyon, and Esteban is asking Susana about the weather where she is and her plans for the day. We've supplied her responses. You fill in Esteban's questions below.

ESTEBAN: Hola, Susana. Te habla Esteban.

SUSANA: ¡Qué sorpresa! ¿Cómo estás?

ESTEBAN: Bien. ¿Y tú?

SUSANA: Muy bien.

ESTEBAN: ¿————————————————————————————————?

SUSANA: Hace buen tiempo.

ESTEBAN: ¿————————————————————————————————?

SUSANA: Aquí en Arizona, claro que sí. Está despejado y hace calor.

ESTEBAN: ¿————————————————————————————————?

SUSANA: Hoy está a 30 grados centígrados.

ESTEBAN: ¡Qué día más bonito! ¿———————————————————————?

SUSANA: Voy a dar un paseo y después a nadar.

ESTEBAN: ¡Qué vida!

VOCABULARIO

¿Cuándo comienza el verano?

Talking about seasons of the year

*ACTIVIDAD C Las estaciones y el tiempo

You will hear a series of descriptions about the weather. Write the number of each description below the picture that illustrates the weather described.

a.

b.

c.

_____

_____

_____

_____

d.

e.

_____

_____

*ACTIVIDAD D ¿Qué estación es?

Look at the pictures in **Actividad C.** Each description you listened to mentioned a season. Can you identify the season that each picture represents? You may listen to the audio program again if you wish. Below each picture, write the name of the season in Spanish.

*ACTIVIDAD E Los meses

Circle the month that best completes each sentence.

1. El Día de los Enamorados (el Día de San Valentín) es en _____.
   a. mayo   b. febrero   c. marzo

2. Los meses son: _____, febrero, marzo, etcétera.
   a. agosto   b. junio   c. enero

3. El mes anterior a agosto es _____.
   a. junio   b. julio   c. mayo

4. El mes posterior a marzo es _____.
   a. septiembre   b. junio   c. abril

5. En el hemisferio norte los meses de otoño son: septiembre, octubre y _____.
   a. noviembre   b. diciembre   c. agosto

 # *ACTIVIDAD F Una conversación

You will hear a conversation between Eduardo and María, business associates who live in different places. They are discussing the weather where María lives. After listening, answer the following questions. You may listen more than once if necessary.

1. ¿Qué tiempo hace donde está María? _____

2. Hace buen tiempo donde está Eduardo. ¿Probable o improbable? _____

3. ¿En qué hemisferio está María, en el norte o en el sur? _____

COMUNICACIÓN

 ## PARA ENTREGAR ¿Qué tiempo hace allí?

The weather is different in many places at any given time. It varies from state to state, country to country, and hemisphere to hemisphere. Copy and complete the following sentences as logically as possible, taking into account where each place is.

MODELO   En el mes de enero,  en el Canadá.

1. En el mes de agosto, _____ en Florida.

2. En el mes de julio, _____ en la Argentina.

3. En el mes de junio, _____ en Alaska.

4. En el mes de diciembre, _____ en Chile.

5. En el mes de noviembre, _____ en Cuba.

6. En el mes de abril, _____ en el estado de Washington.

7. En el mes de febrero, _____ en Colombia.

● GRAMÁTICA

¿Qué vas a hacer?

Introduction to the simple future

*ACTIVIDAD G Ana y Carmen

Below is a series of statements about the weekend plans of roommates Ana and Carmen. After reading each statement, choose the activity that most logically matches the statement.

1. El sábado va a hacer mucho sol, y Ana y Carmen _____.
   a. van a quedarse en casa
   b. van a dar un paseo

2. El sábado necesitan hacer ejercicio, y _____.
   a. van a correr dos millas
   b. van a navegar la Red

3. El sábado quieren salir con sus amigos, y _____.
   a. van a bailar en una discoteca
   b. van a lavar la ropa

4. El sábado quieren hacer una actividad beneficiosa, y _____.
   a. van a hacer de voluntarias
   b. van a leer su correo electrónico

5. El domingo por la noche necesitan hacer mucha tarea, y _____.
   a. van a ir de compras
   b. van a estudiar mucho

*ACTIVIDAD H Mi compañero y yo

Listen as the speaker describes what he and his roommate plan to do next Saturday. After listening, answer the questions below. You may need to listen to the selection more than once.

1. ¿Van a levantarse tarde o temprano? _____

2. ¿Van a lavar el carro o la ropa? _____

3. ¿Dónde van a cenar, en casa o en un restaurante? _____

4. ¿Van a participar en actividades físicas o sedentarias? _____

COMUNICACIÓN

PARA ENTREGAR El próximo fin de semana

Think about your plans for next weekend. Write at least one activity that you are going to do at each of the times indicated. Be sure to use the simple future in your responses.

MODELO   El sábado por la tarde *voy a ir al cine.*

1. El viernes por la noche _____.

2. El sábado por la mañana _____.

3. El sábado por la tarde _____.

4. El sábado por la noche _____.

5. El domingo por la mañana _____.

6. El domingo por la tarde _____.

7. El domingo por la noche _____.

PRONUNCIACIÓN

¿Es *b* de burro o *v* de vaca?

The Letters *b* and *v*   In listening to the speakers on the audio program or in listening to your instructor, have you noticed that the letters **b** and **v** are pronounced the same way? Unlike English, in which **b** and **v** represent distinct sounds, in Spanish **b** and **v** are not distinct. The sounds they represent follow a particular pattern. Both **b** and **v** are pronounced with a "hard" sound at the beginning of a sentence, after a pause, and after the consonants **m, n,** and **l**. This hard sound is similar to the **b** in English *boy* or *bat*.

 Listen as the following words are pronounced.

      biología   **v**einte   hom**b**re   el **v**icio

Everywhere else, and especially after a vowel, **b** and **v** are pronounced as a "soft" sound that has no English equivalent. The sound is formed by pressing the lower lip toward the upper lip, but allowing air to pass through. It is *not* the same as English *v*, which is made by placing the upper teeth on the lower lip. If you have difficulty making this sound, ask your instructor for help.

      la **b**iología   y **v**einte   muy **b**ien   tra**b**ajar

Because **b** and **v** represent the same sound pattern, native speakers of Spanish often ask when spelling a new word

      —¿Es **b** de **burro** o **v** de **vaca**?

meaning *Is that* **b** *as in* **burro** *or* **v** *as in* **vaca** *(cow)?*

ACTIVIDAD A Pronunciación: *b, v*

Listen to the speaker and note the pronunciation pattern of **b** and **v.**

At the beginning of a sentence versus after a vowel

1. ¿Viene Manuel? No, no viene.
2. Viviana es de Miami. No conozco a Viviana.
3. Buenos días. Tengo muy buenos profesores.

After **m, n,** or **l** versus after a vowel or another consonant

4. ¿Cuántos son veinte más diez? ¿Hay veinte estudiantes?
5. ¿Son buenas tus clases? Las buenas clases...
6. él viene, ella viene

Within a word, after a vowel

7. el laboratorio
8. el sábado
9. los tréboles (*clovers*)
10. viven (*they live*)

If in items 4 through 6 above you thought you heard an **m** sound instead of an **n** sound in **son buenos** and **son veinte,** you were correct! For most speakers, the nasal consonant **n** takes on the qualities of **m** before **b** and **v** in anticipation of the rounding of the lips.

ACTIVIDAD B Algo más sobre *b, v*

Listen as the speaker reads these lines from a well-known poem by the poet and dramatist Federico García Lorca (1898–1936), who died during the Spanish Civil War. Note the use of the hard and soft **b** sounds.

Romance sonámbulo*

Verde que te quiero verde.
Verde viento. Verdes ramas.
El barco sobre la mar
y el caballo en la montaña.

PRONUNCIACIÓN

d, g

The pronunciation of the letters **d** and **g** follows the same pattern as **b/v**. A hard **d,** as in *dog, ditch,* is used at the beginning of sentences, after a pause, and after **n** or **l.** A soft **d,** much like the *th* in *father* and *another,* occurs everywhere else, especially between vowels.

¿**D**ónde? ¿De **d**ónde?
Dos. ¿Hay **d**os?

G is pronounced similarly to the *g* of *go* and *gotcha* at the beginning of an utterance, after a pause, and after **n.** A soft **g,** with no equivalent in English, occurs everywhere else. It is formed much like the hard **g,** but the tongue does not quite touch the back part of the roof of the mouth, so the flow of air is not stopped.

Gato. Dos **g**atos.
González. Pa**g**ar.

In addition, when followed by **e** or **i, g** is pronounced like English *h.* (In some dialects the sound is harsher and is articulated more in the back of the mouth than in the throat.) To indicate that a **g** followed by **e** or **i** is pronounced like the *g* in *go,* a **u** is inserted between **g** and **e** or **i.** Some beginning students of Spanish think that the **gue** and **gui** combinations are pronounced with a *w* sound as they would be in English with the names McGuire and Guenevere. Remember that when you see the **gue** or **gui** combination, the **u** is silent and the **g** is pronounced "hard" as in English *gate* and *go.*

biolo**g**ía   **gu**ía
inteli**g**ente   una **gu**erra

---

*(*Sleepwalking Ballad*) A rough but literal translation is *Green how I love you green. / Green wind. Green branches. / The boat on the sea / and the horse on the mountain.*

ACTIVIDAD C Pronunciación: *d, g*

Listen to the speaker and note the pronunciation patterns for **d** and **g**.

1. dónde / de dónde
2. el día / unos días
3. diez / a las diez de la mañana
4. durante la tarde / y durante la noche
5. todos los días
6. nada / todo /adiós / usted / verdad
7. gusta / me gusta / les gusta
8. guía / una guía telefónica (*phone book*)
9. agua / ego / igual / algo
10. genética / geometría

It is interesting to note that the softening of **b, d,** and **g** between vowels within a word and at the ends of words has been taken to such extreme by some speakers that the consonants are imperceptible or deleted. Thus, in some dialects, you may hear words such as **nada** pronounced as **na, verdad** pronounced as **verdá,** and **agua** pronounced as **awa.** In *¿Sabías que… ?* more conventional pronunciations will be used.

 # VIDEOTECA:
Los hispanos hablan

*Paso 1 Read the **Los hispanos hablan** selection. Then answer the following questions.

1. Según Begoña, ¿qué hacen los españoles cuando salen?
2. Según Begoña, ¿por qué salen los norteamericanos*?

 ## Los hispanos hablan

En general, ¿qué diferencias has notado entre salir en los Estados Unidos y salir en España?

NOMBRE: Begoña Pedrosa

EDAD: 24 años

PAÍS: España

«Bueno, una de las diferencias que más me ha llamado la atención[a] es que en España la gente sale, va a los bares, charla con los amigos, baila, para aquí para allá,[b] y la gente por supuesto sale hasta muy tarde. Es más,[c] hasta por la mañana. Sin embargo, en los Estados Unidos, la gente sale solamente por el hecho[d] de beber y beber y beber… »

[a]más… *I've noticed most* [b]para… (*go) here and there* [c]Es… *What's more* [d]*reason*

*Paso 2 Now listen to the complete segment and answer the following questions.

VOCABULARIO ÚTIL

muy poco común	muy raro
más destacables	más notables
se cierran	(*they*) *close*
hacer fiestas	*to have parties*

1. ¿Cierto o falso?

   _____ Los españoles salen hasta más tarde que (*later than*) los norteamericanos.

   _____ Los bares en España se cierran más temprano.

2. ¿Cuál es otra diferencia entre España y los Estados Unidos que nota Begoña?

Paso 3 Begoña dice: «En los Estados Unidos la gente sale solamente por el hecho de beber y beber y beber.» ¿Estás de acuerdo (*Do you agree*)?

Completa la siguiente oración:

Cuando (mis amigos / mi familia) _____ y yo salimos por la noche, las actividades en que participamos son: _____, _____ y _____.

---

*Throughout *¿Sabías que... ?*, the term **norteamericano/a** is used to refer to citizens of either Canada and the United States or the United States only. Context will determine the intended meaning.

LECCIÓN **3**

¿Qué hiciste ayer?

In this lesson of the *Manual* you will review and continue to practice what you have learned in class. The goals of this lesson are

◆ To learn more about your daily and weekend activities and those of friends, instructors, and others

◆ To review the forms of the *preterite* tense verb system in Spanish

◆ Listen to two people talk about how they spent their first paychecks

 You can find additional quizzes to practice the grammar, vocabulary, and cultural themes covered in this lesson on the *¿Sabías que... ?* Online Learning Center website at **www.mhhe.com/sabiasque5**.

IDEAS PARA EXPLORAR

Ayer y anoche (I)

VOCABULARIO

¿Qué hizo Alicia ayer?

Talking about activities in the past

*ACTIVIDAD A La noche de María

Paso 1 In column A are statements describing some things María did last night. Match each with the phrase or object in column B that most logically accompanies María's action.

Anoche María...

A

1. _____ llamó a unos amigos.

2. _____ preparó una cena americana.

3. _____ fue al gimnasio.

4. _____ se duchó.

5. _____ salió del trabajo.

6. _____ leyó un libro.

7. _____ pagó unas cuentas.

8. _____ se acostó tarde.

B

a. ejercicio aeróbico
b. las 5.30 de la tarde
c. jabón (*soap*) y champú
d. el teléfono
e. la cama (*bed*)
f. dinero
g. *Don Quijote*
h. una hamburguesa con papas fritas (*french fries*)

 Paso 2 Now put the events in the most logical order. Which activities did María have to do before completing others and which activities could she have done at any time?

*ACTIVIDAD B ¿Qué características?

Listen to a short description of how Ángel, a student from Puerto Rico, spent his weekend. Then decide which of the following statements apply to him.

		SÍ	NO
1.	Dedica los domingos a hacer ejercicio.	☐	☐
2.	Es aficionado a (*He is a fan of*) la música.	☐	☐
3.	Es un estudiante muy diligente.	☐	☐
4.	Es una persona muy antisocial.	☐	☐
5.	Prefiere la comida rápida; no le gusta preparar la cena.	☐	☐
6.	Es estudiante de ciencias.	☐	☐

COMUNICACIÓN

PARA ENTREGAR ¿A quién se describe?

Go back and review the vocabulary presented at the beginning of the chapter in your textbook. Then, choosing from those items or using others, write a short paragraph describing what a classmate did yesterday. Try to include identifying information about the student that you have learned about him or her in class (e.g., he or she likes jazz, studies sociology, enjoys horror films). Don't reveal this person's name in your essay. See if your instructor can deduce who it is based on your description!

GRAMÁTICA

¿Salió o se quedó en casa?

Talking about what someone else did recently

*ACTIVIDAD C ¿Presente o pretérito?

Indicate whether the speaker is talking about someone's activities in the present or in the past by checking the box in the appropriate column.

MODELO   (*you hear*) Desayunó en casa. →
(*you check*) pretérito

	PRESENTE	PRETÉRITO
1.	☐	☐
2.	☐	☐
3.	☐	☐
4.	☐	☐
5.	☐	☐
6.	☐	☐
7.	☐	☐
8.	☐	☐
9.	☐	☐
10.	☐	☐
11.	☐	☐
12.	☐	☐

*ACTIVIDAD D Ayer por la tarde...

Paso 1 Unscramble the sentences and conjugate the verbs to reveal what someone did yesterday afternoon.

1. con dos amigas / salir a almorzar / esta persona / a las 12.00

_____

2. a la 1.30 / al trabajo / volver

_____

3. leer / sus mensajes (*messages*) / cuando llegar

_____

4. escribir una carta (*letter*) importante / firmar (*to sign*) un contrato / luego / en su oficina

_____

5. en Europa / hablar por teléfono / con un cliente / a las 4.00

_____

Paso 2 ¿A quién se refiere en el **Paso 1**?

☐ a una estudiante universitaria

☐ a una profesora

☐ a una secretaria

☐ a la presidenta de una compañía

*ACTIVIDAD E ¿Un diálogo?

Read the following dialogue in which a doctor inquires about a patient's daily routine. Then fill in the questions the doctor has asked the patient. (Note: The patient will use the **yo** form of verbs.) Remember to check your answers in the Answer Key.

PACIENTE: Doctor, no tengo mucha energía. Siempre quiero dormir mucho. ¿Puede decirme por qué?

DOCTOR: Necesito hacerle unas preguntas sobre su rutina diaria. ¿Fue ayer un día típico para Ud.?

PACIENTE: Sí.

DOCTOR: ¿A qué hora se levantó?

PACIENTE: Me levanté a las seis, como todos los días.

DOCTOR: ¿_____?[1]

PACIENTE: Desayuné cereal y café.

DOCTOR: ¿_____?[2]

PACIENTE: Sí, trabajé de ocho a seis, como todos los días.

DOCTOR: ¿_____?[3]

PACIENTE: No, no tuve tiempo de almorzar. Trabajé todo el día.

DOCTOR: Es muy malo no almorzar. ¿_____?[4]

PACIENTE: Cené cuando regresé a casa.

DOCTOR: ¿_____?[5]

PACIENTE: Por la noche trabajé en casa, pagué las cuentas y lavé la ropa.

DOCTOR: ¿_____?[6]

PACIENTE: Me acosté a las doce, pero no pude dormirme hasta las dos.

DOCTOR: Es obvio que necesita descansar (*to rest*) más. ¡No tiene energía porque trabaja mucho y no duerme lo suficiente!

GRAMÁTICA

¿Salí o me quedé en casa?

Talking about what you did recently

*ACTIVIDAD F ¿Él/Ella o yo?

Listen as the speaker says a verb form. Can you distinguish **yo** from **él/ella** forms?

MODELO (*you hear*) saqué →
(*you select*) yo   él/ella
    ☑   ☐

	yo	él/ella			yo	él/ella
1.	☐	☐		6.	☐	☐
2.	☐	☐		7.	☐	☐
3.	☐	☐		8.	☐	☐
4.	☐	☐		9.	☐	☐
5.	☐	☐		10.	☐	☐

ACTIVIDAD G ¡Di la verdad!

What did you do yesterday? For each of the following statements, mark **sí** or **no**, whichever is more accurate for you.

		SÍ	NO
1.	Fui al supermercado.	☐	☐
2.	Lavé la ropa.	☐	☐
3.	Asistí a la clase de español.	☐	☐
4.	Hice ejercicio aeróbico.	☐	☐
5.	Escribí una carta.	☐	☐
6.	Pagué unas cuentas.	☐	☐
7.	Salí con mis amigos.	☐	☐
8.	Cené en casa.	☐	☐
9.	Me acosté tarde.	☐	☐
10.	Vi una película (*movie*) en el cine.	☐	☐
11.	Tuve un examen.	☐	☐

*ACTIVIDAD H El fin de semana pasado

Listen as you hear what the speaker did last weekend. What item or concept do you associate with each activity? Circle the correct answer.

MODELO   (*you hear*) Lavé la ropa. →
   (*you select*) ⓐ   Maytag   b.   Sony   c.   Panasonic

1.	a. Samsung	b. Apple	c. Maytag
2.	a. Lexus	b. Sony	c. GE
3.	a. Honda	b. Nike	c. MasterCard
4.	a. AT&T	b. Adidas	c. IBM
5.	a. Scion	b. FM	c. Dreamworks
6.	a. Maytag	b. RCA	c. Toyota
7.	a. Timex	b. Kraft	c. Converse
8.	a. Panasonic	b. Warner Bros.	c. Hyundai
9.	a. Ford	b. Dell	c. Bose
10.	a. Stephen King	b. Maytag	c. Reebok

 *ACTIVIDAD I El miércoles pasado

Listen as you hear what the speaker did last Wednesday. The statements are incomplete; select the most logical completion for each one. Listen more than once if you'd like.

MODELO   (*you hear*) El miércoles pasado me desperté a las 6.30 pero… →
   (*you select*)   ☑ me quedé en cama otra media hora antes de levantarme.
        ☐ desayuné café y cereal.

1. a.   ☐ hablé por teléfono con un amigo.

 b.   ☐ tuve que ducharme (*take a shower*) antes de ir a clase.

2. a.   ☐ desayuné café y cereal.

 b.   ☐ me vestí y miré la televisión antes de salir.

3. a.   ☐ fui a la universidad en carro.

 b.   ☐ lavé mi carro.

4. a.   ☐ jugué con mis gatos.

 b.   ☐ corrí a mi clase.

5. a.   ☐ tampoco la vi a ella (*I didn't see her either*). Choqué (*I collided*) con la profesora en el corredor.

 b.   ☐ empecé la clase. Hablé con la profesora en la clase.

6. a.   ☐ le dije: «Perdón, profesora».

 b.   ☐ tuve mucha tarea.

 COMUNICACIÓN

 PARA ENTREGAR Un *test* para tu profesor(a)

In **Actividad A** on page 58 you completed a matching activity. Now you will create a matching activity for your instructor to do!

Paso 1 Select eight of the following activities, thinking of a famous person who might have done each activity yesterday. Change each verb to the appropriate preterite form and then write the activities in a column on the left-hand side of a sheet of paper.

tocar la guitarra

hacer ejercicio

estudiar las galaxias

entrevistar (*to interview*)
    a personas famosas

comer chocolates

levantarse a las 6.00

filmar una película

dar un concierto

decir la verdad

hablar con el presidente

Paso 2 Now list the famous people associated with the activities. Make sure there is only one person who logically goes with each activity (e.g., if you chose **hacer ejercicio** don't list both Richard Simmons and some other exercise guru). Scramble the list, and write it down on the right-hand side of the paper. Turn in your activity and see if your instructor can complete it!

 **COMUNICACIÓN**

 PARA ENTREGAR Una entrevista

Imagine that you are being interviewed by the school newspaper. The reporter is writing an article on the typical day of a typical student. Answer the reporter's questions on a separate sheet of paper with information about what you did yesterday or the most recent class day. Give as much information as possible.

1. ¿A qué hora se levantó Ud.?
2. ¿Desayunó?
3. ¿Asistió a clases?
4. ¿Almorzó en la universidad?
5. ¿Estudió en la biblioteca?

6. ¿Practicó algún deporte o hizo ejercicio?
7. ¿Tuvo tarea?
8. ¿Cuándo volvió a su casa?
9. ¿Y a qué hora se acostó?

 # IDEAS PARA EXPLORAR

Ayer y anoche (II)

GRAMÁTICA

¿Qué hiciste anoche?

Talking to a friend about what he or she did recently

ACTIVIDAD A ¿Padres o profesores?

Which of the following questions might an instructor ask of a student? Which ones might a parent ask of a child? Do some apply to both?

	PROFESOR(A)	PADRE (MADRE)
1. ¿Hiciste la tarea?	☐	☐
2. ¿Hiciste la cama (*bed*)?	☐	☐
3. ¿Comiste las verduras (*vegetables*)?	☐	☐
4. ¿Fuiste al laboratorio de lenguas?	☐	☐
5. ¿Estudiaste para el examen?	☐	☐

	PROFESOR(A)	PADRE (MADRE)
6. ¿Por qué no estuviste en clase ayer?	☐	☐
7. ¿Lavaste los platos (dishes)?	☐	☐
8. ¿Limpiaste tu cuarto?	☐	☐
9. ¿Buscaste el libro en la biblioteca?	☐	☐
10. ¿No hiciste la tarea?	☐	☐

 *ACTIVIDAD B ¿Tú o Ud.?

The speakers are going to ask you a series of questions using either **tú** or **Ud.** What is each person's relationship to you? Are they socially distant or not?

> MODELO (*you hear*) ¿Estudió anoche? →
> (*you say*) *There is social distance.*   (**Ud.** is used.)

1... 2... 3... 4... 5... 6... 7...

ACTIVIDAD C   Entrevista

Read the following interview. For each missing interview question, select the logical question from the choices that appear after the interview. Then listen to the actual interview and see if you are correct. Turn off the audio program now while you read and make your choices.

PALOMA PICASSO

ENTREVISTADOR: Buenos días y bienvenidos a este programa. Hoy tenemos el placer de charlar con Paloma Picasso. Bienvenida, Paloma.

PALOMA PICASSO: Gracias. Es un placer.

ENTREVISTADOR: Paloma, eres hija del famoso pintor español Pablo Picasso, ¿verdad?

PALOMA PICASSO: Sí, es cierto.

ENTREVISTADOR: Pero tu madre era (*was*) francesa. ¿Dónde naciste (*were you born*)?

PALOMA PICASSO: Nací en Francia.

ENTREVISTADOR: ___(1)___

PALOMA PICASSO: Pasé la niñez en Francia y en la Costa Azul de España.

ENTREVISTADOR: ¿Viviste en una casa grande?

PALOMA PICASSO: Sí, la casa en España era muy grande.

ENTREVISTADOR: ___(2)___

PALOMA PICASSO: Estudié en Francia. Estudié en el liceo de Neuilly y después en la Universidad de Nanterre, cerca de París.

ENTREVISTADOR: Hablas español, inglés y francés. ___(3)___

PALOMA PICASSO: No, lo aprendí en Inglaterra (*England*), donde iba (*I used to go*) para las vacaciones.

ENTREVISTADOR: ___(4)___

PALOMA PICASSO: Creo que lo supe cuando era muy pequeña (*young*). Comencé a dibujar cuando era niña.

ENTREVISTADOR: ¿Diseñas joyas (*Do you design jewelry*) para Tiffany?

PALOMA PICASSO: Sí, mis diseños se venden (*are sold*) en una boutique especial en Londres.

ENTREVISTADOR: También creaste un perfume, ¿verdad?

PALOMA PICASSO: Sí, y diseñé el frasco (*bottle*).

ENTREVISTADOR: ___(5)___

PALOMA PICASSO: Lo conocí hace quince años, cuando salí de la universidad y comencé a trabajar. Me casé (*got married*) en 1978.

ENTREVISTADOR: ¿Cómo conociste a tu esposo, Rafael López Sánchez?

PALOMA PICASSO: Él es escritor. Leí algunos de sus dramas y me gustaron. Les pedí a unos amigos que me lo presentaran (*introduce me*).

ENTREVISTADOR: Es una historia muy bonita. Gracias por estar en el programa, Paloma.

PALOMA PICASSO: De nada. Adiós.

1. ☐ ¿Dónde pasaste la niñez?

    ☐ ¿Dónde estuviste en España?

2. ☐ ¿A qué escuela asististe?

    ☐ ¿Qué estudiaste en la escuela?

3. ☐ ¿Fuiste a otras partes de España?

    ☐ ¿Aprendiste el inglés en la escuela?

4. ☐ ¿Cuándo supiste que querías (*you wanted*) ser diseñadora?

    ☐ ¿Cuándo comenzaste a hablar inglés?

5. ☐ ¿Cuándo conociste a tu esposo?

    ☐ ¿Cuándo saliste de la universidad?

COMUNICACIÓN

PARA ENTREGAR Preguntas

Paso 1 Listen as you are asked a series of questions about your past. Copy them down as you hear them. Can you answer all of them? You may listen more than once.

1. _____
2. _____
3. _____
4. _____
5. _____
6. _____
7. _____
8. _____

Paso 2 Now answer each question. Use complete sentences.

GRAMÁTICA

¿Salieron ellos anoche?

Talking about what two or more people did recently

*ACTIVIDAD D ¿Por qué?

The speaker will read the first part of a sentence. Its logical conclusion is in the list below. Read the list and then listen to the incomplete sentences on the audio program and choose the best conclusion for each. The incomplete sentences will be read twice.

1. ____
2. ____
3. ____
4. ____
5. ____
6. ____
7. ____

   a. ...su hijo tuvo un accidente automovilístico.
   b. ...asistieron a una fiesta la noche anterior.
   c. ...publicaron un libro.
   d. ...descubrieron (*they discovered*) un nuevo antibiótico.
   e. ...tuvieron un examen de estadística.
   f. ...su amigo se graduó de la universidad.
   g. ...perdieron (*they missed*) el autobús.

*ACTIVIDAD E ¡Es cierto!

Below are a series of incomplete statements that will be true when you select the right phrase to fill in the blank!

1. Los Beatles ____ a los Estados Unidos en los años 60.
   a. llegaron   b. escucharon

2. Los hermanos Wright ____ el primer avión.
   a. hicieron   b. compraron

3. Óscar Arias y Rigoberta Menchú ____ el premio Nobel de la Paz.
   a. recibieron   b. entregaron

4. Los Patriotas se ____ mucho para el «Superbowl».
   a. prepararon   b. durmieron

5. Los siete enanos (*dwarfs*) ____ mucho en las minas.
   a. regalaron   b. trabajaron

6. Los astronautas del Apolo 7 ____ la luna (*moon*) de cerca (*close up*).
   a. vieron   b. entregaron

 **COMUNICACIÓN**

PARA ENTREGAR ¿Qué pasó ayer?

Sometimes it's difficult for your Spanish instructor to keep up with current events. Help him or her out by writing four or five sentences describing what various couples or groups of people in the news did yesterday.

   MODELO   El presidente y la primera dama (*First Lady*) visitaron una escuela secundaria.

GRAMÁTICA

¿Qué hicimos nosotros?

Talking about what you and someone else did recently

*ACTIVIDAD F ¿Quiénes lo dijeron?

Who might have said the following? Match each statement with the most logical choice.

1. _____ «Vinimos a América en busca de (*in search of*) libertad y una vida mejor».

2. _____ «Vivimos durante una época prehistórica».

3. _____ «Volvimos a Kansas después de un largo viaje».

4. _____ «No entregamos la tarea porque el perro se la comió».

5. _____ «Analizamos muchas películas».

6. _____ «No vimos tierra por muchos meses en nuestro viaje de exploración».

7. _____ «Tuvimos siempre unas relaciones muy tempestuosas».

8. _____ «Fuimos a China y encontramos un gran imperio (*empire*)».

a. Dorotea y Toto
b. Fred y Wilma Flintstone
c. los inmigrantes
d. los estudiantes
e. Larry, Curly y Moe
f. Ebert y Roeper
g. Magallanes (*Magellan*) y su tripulación (*crew*)
h. Marco Polo y otros exploradores

*ACTIVIDAD G El sábado pasado

Listen to Jorge Villar describe how he and his family spent last Saturday. Then answer the following questions.

VOCABULARIO ÚTIL

esposa   *wife*
hijos   *children*

	CIERTO	FALSO
1. Jorge y su familia viven en Nueva York.	☐	☐
2. Los hijos de Jorge son adultos.	☐	☐
3. Jorge y su familia visitaron el Museo de Arte Moderno.	☐	☐
4. A Jorge y su familia les gustan la pasta y la pizza.	☐	☐

COMUNICACIÓN

PARA ENTREGAR En clase

Describe how Spanish class is similar to or different from another class by commenting on at least five things that you and your classmates did yesterday. (If yesterday was Sunday, write about last Friday.)

MODELO   Ayer en la clase de español mis amigos y yo hablamos español, pero en la clase de historia hablamos inglés.

PRONUNCIACIÓN

¿e o é?

By now you probably are developing a feel for where the stress falls in Spanish words. Two simple rules underlie most of the Spanish stress system. Use these rules as you come across new words in Spanish.

Rule 1: If a word ends in a vowel, **n,** or **s,** stress normally falls on the next-to-the-last syllable.

sem<u>a</u>na	nos qued<u>a</u>mos	se lev<u>a</u>ntan
tempr<u>a</u>no	estudi<u>a</u>ntes	est<u>u</u>dia*

Rule 2: If a word ends in any other consonant, stress normally falls on the last syllable.

activid<u>a</u>d	gast<u>a</u>r	univers<u>a</u>l
actr<u>i</u>z	profes<u>o</u>r	profesion<u>a</u>l

Exceptions to these rules carry a written accent mark to indicate which syllable is stressed.

Some exceptions to Rule 1:

típico   sábado   inglés   televisión   también

An exception to Rule 2:

lápiz

Some common one-syllable words have a written accent mark to distinguish them from other words spelled the same way. For example, an accent mark distinguishes **sé** (*I know*) from the pronoun **se** of **se levanta.** To ask whether a word has an accent mark you can say **¿Lleva acento?**

An important exception to Rule 1 is the stress system of regular preterite **yo** forms (**gasté, viví,** and so forth). Also, the written accent on the final vowel of regular **él/ella** preterite forms serves to distinguish those forms from the **yo** form of the present tense.

(yo)	gasto	(él)	gastó
(yo)	tomo	(ella)	tomó
(yo)	saco	(Ud.)	sacó

---

*Remember that diphthongs are considered one syllable unless marked with a written accent. In **estudia,** **-dia** is the last syllable and **-tu-** is the next to the last. The same applies with other words that you know: **estudios, materia, laboratorio,** and so forth.

ACTIVIDAD A ¿Presente o pasado? (I)

Listen to the speaker say some verb forms. Identify whether each verb form is past or present depending on where you hear the stress fall. The speaker will give you the answers.

1...   2...   3...   4...   5...   6...   7...

ACTIVIDAD B ¿Presente o pasado? (II)

Now you make the distinction between present-tense **yo** and past-tense **él/ella, usted.** When the speaker says the item number, you pronounce the pair of verbs or phrases shown. Then listen to the speaker pronounce the set.

1. miro, miró
2. llamo, llamó
3. saco vídeos, sacó vídeos
4. estudio en la biblioteca, estudió en la biblioteca
5. llego en carro, llegó en carro

VAMOS A VER:

El primer sueldo°

El... The first salary

Anticipación

Paso 1   In a minute, you'll listen to two people tell what they did with the first money they ever earned. Before listening, think about what people you know have done with their first paycheck.

Paso 2   When you listen, you will hear one speaker say **"abrí una cuenta."** Knowing that **abrir** means *to open,* can you guess a meaning for **cuenta** other than the one you may already know? As you listen, context should help you determine what **cuenta** means here. Throughout *¿Sabías que... ?* you will be asked to apply to listening activities some of the reading strategies that you are developing. Guessing words from context, skipping words when attempting to get the gist of something, and using cognate relationships to guess meaning are strategies that you can also use when listening. Use these word-related strategies when listening to the selection **"El primer sueldo."**

Exploración

Paso 1   Now listen to **"El primer sueldo"** on the audio program. For the time being, don't worry about catching all the details. Listen for the main ideas.

Paso 2   Did you catch all the main ideas? Which of the following topics were mentioned by the speakers?

		SÍ	NO
1.	Most people remember when and how they earned their first paycheck.	☐	☐
2.	One person used the money to pay for schooling.	☐	☐
3.	One person worked to support her family.	☐	☐
4.	Both people said they felt grown-up when they got paid.	☐	☐

Paso 3   Now listen again, focusing on the details. A good idea here would be to jot down actions and events as you hear them in Spanish so that later you can more easily recall what happened.

Paso 4   Based on what you heard, are the following true or false?

		CIERTO	FALSO
1.	Rodolfo worked in a video store.	☐	☐
2.	Liliana worked during high school.	☐	☐
3.	Rodolfo has saved the money to buy a car.	☐	☐
4.	Liliana used the money to buy her mother a present.	☐	☐

Síntesis

Paso 1 Listing things is a good strategy for organizing information, regardless of whether you read or listen. Based on what you have just listened to, write the name of each person who spoke and list at least four actions or events related to their first paycheck. Remember, however, that each person spoke in the **yo** form when talking about him/herself (e.g., **abrí una cuenta**) and you will need to talk about him/her in the **él/ella** form in your list (e.g., **abrió una cuenta**).

Nombre _____   Nombre _____

lo que hizo / lo que le pasó*   lo que hizo / lo que le pasó

1. _____   1. _____

2. _____   2. _____

3. _____   3. _____

4. _____   4. _____

Paso 2 Now use the preceding list as a guide to writing a short paragraph in which you tell the story about each person.

VIDEOTECA:

Los hispanos hablan

*Paso 1 Read the following **Los hispanos hablan** selection. Then answer this question: **¿Qué compró Marita?**

Los hispanos hablan

¿En qué gastaste tu primer sueldo[a]?

NOMBRE: Marita Romine

EDAD: 41 años

PAÍS: el Perú

«Cuando comencé a asistir a la universidad quise mudarme a un apartamento y lo que hice con mi primer sueldo fue comprar cosas para la casa — sábanas, toallas y comestibles,[b] y... »

---

[a]*paycheck* [b]sábanas... *sheets, towels, and food*

---

*le... *happened to him or her*

*Paso 2 Now listen to the complete segment. Then answer the following questions.

1. ¿Qué más (*What else*) hizo Marita con su primer sueldo?

2. Según lo que compró, se puede concluir que Marita es una persona…

    ☐ práctica.

    ☐ generosa con sus amigos.

    ☐ práctica y también generosa con sus amigos.

Paso 3 **¿En qué gastaste tu primer sueldo?** Compare your answer to Marita's, and then check the appropriate box.

En mi respuesta…

☐ Soy como Marita.

☐ Soy más o menos como Marita.

☐ Soy diferente de Marita.

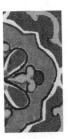

UNIDAD DOS
Nuestras familias

LECCIÓN **4**

¿Cómo es tu familia?

In this lesson of the *Manual* you will

◆ Review vocabulary related to the family and use it to describe your family

◆ Review the possessive adjective **su(s)**

◆ Review and practice question words (**dónde, cuánto,** and so forth)

◆ Practice interpreting and using direct-object pronouns

◆ Review **estar** + certain adjectives

 You can find additional quizzes to practice the grammar, vocabulary, and cultural themes covered in this lesson on the *¿Sabías que... ?* Online Learning Center website at **www.mhhe.com/sabiasque5**.

IDEAS PARA EXPLORAR
La familia nuclear

VOCABULARIO

¿Cómo es tu familia?

Talking about your immediate family

 *ACTIVIDAD A La familia de Ángela

Complete the family tree based on what the speaker says. Write each family member's name and age in the appropriate space.

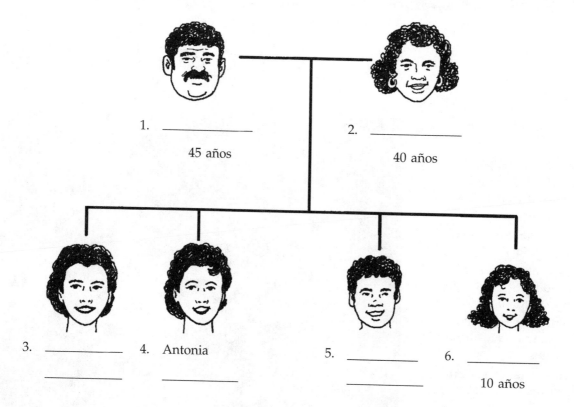

1. _____
   45 años

2. _____
   40 años

3. _____

4. Antonia

5. _____

6. _____
   10 años

*ACTIVIDAD B ¿Quién es quién?

Complete the following sentences based on the family tree you created in **Actividad A.**

1. Marcos es el _____ de Ángela.

2. Ángela y Antonia son _____.

3. Rebeca es la _____ de Pablo.

4. Pablo es el _____ de Antonia.

5. Lorena y Marcos son los _____ de Pablo y Rebeca.

6. Rebeca es la _____ de Marcos.

COMUNICACIÓN

 **PARA ENTREGAR Una familia famosa**

Think of a famous family in history, in a book, or on TV. Write a short description of the family, without giving the last name. Turn it in and see if your instructor can identify the family you've described.

Before doing **Actividades C, D,** and the **Para entregar** that follows, be sure to read the **Así se dice** box on page ••• of your textbook.

ACTIVIDAD C Hermanos

Think of two brothers or two sisters whom you know and write their first names in the blanks provided. Then complete each statement as best you can. Note that each use of **su** or **sus** means *their*.

_____ y _____

1. Su padre se llama _____.
2. Su madre se llama _____.
3. Su padre trabaja en _____.
4. Su madre trabaja en _____.
5. Su apellido es _____.

6. Su padre es de _____.
7. Su madre es de _____.
8. Su familia vive en _____.
9. Sus abuelos viven en _____.

*ACTIVIDAD D La familia de Raúl

Paso 1 Complete each sentence with the appropriate form of **su.** (Note: Each instance of **su** or **sus** means *his.*) Do not mark the statements **cierto** or **falso** yet. You will make those decisions in **Paso 2** after you listen to the audio program.

	CIERTO	FALSO
1. No le gusta visitar a _____ padres.	☐	☐
2. _____ familia es muy grande.	☐	☐
3. _____ padres viven en Texas.	☐	☐
4. _____ madre es secretaria.	☐	☐
5. _____ padre es profesor.	☐	☐
6. A _____ padres les gusta jugar al tenis.	☐	☐

 Paso 2 Now listen to the narration. Afterward, go back and mark the sentences of **Paso 1** as **cierto** or **falso**.

COMUNICACIÓN

PARA ENTREGAR Mi madre / Mi padre

What can you say about your parents? Write truthful sentences about your mother or father using the items listed. As you write each sentence, notice that the word **su(s)** means either *his* or *her*, depending on whom you select.

> MODELO película favorita (ser) → Su película favorita es *Ben Hur.*

> Voy a escribir sobre ☐ mi padre y su familia.
> ☐ mi madre y su familia.

1. padre (estar vivo) (*alive*) _____

2. madre (estar viva) _____

3. trabajo (gustar) _____

4. carro (ser) _____

5. actores favoritos (ser) _____

6. estación favorita (ser) _____

7. mejores amigos (vivir) _____

Si tiene hermanos o hermanas…

8. hermano/hermanos (vivir) _____

9. hermana/hermanas (soler) _____

GRAMÁTICA

¿Cuántas hijas… ?

Question words: a summary

*ACTIVIDAD E PREGUNTAS

Listen as the speaker asks a series of questions. After each question indicate what kind of information would be contained in the answer.

> MODELO (*you hear*) ¿Dónde vive su abuelo? →
> (*you select*) a. an age ⓑ a place c. a person's name

1. a. a place
   b. a name
   c. a time
2. a. a profession
   b. an age
   c. a place
3. a. a name
   b. an age
   c. a time
4. a. an academic subject
   b. a quantity
   c. a place of origin
5. a. a professor's name
   b. a quantity
   c. an academic subject
6. a. a profession
   b. a hobby/pastime
   c. a course

*ACTIVIDAD F Entrevista

Paso 1 In the following interview, what questions must the woman have asked in order to get the indicated responses from the man? (Note: The woman should use **Ud.** with the man.)

MUJER: Bueno, tengo unas preguntas, ¿está bien (*OK*)?

HOMBRE: De acuerdo.

MUJER: Primero, ¿ _____?[1]

HOMBRE: Ramón Figueroa.

MUJER: Bien. ¿_____?[2]

HOMBRE: Tengo 27 años.

MUJER: Una buena edad, ¿no? ¿ _____?[3]

HOMBRE: Estudié en Los Ángeles. Soy ingeniero.

MUJER: ¿ _____?[4]

HOMBRE: Tengo un condominio en el centro de la ciudad.

MUJER: Bueno. Y ¿ _____?[5]

HOMBRE: Pues, me gusta hacer muchas cosas en mi tiempo libre. Por ejemplo, me gusta jugar al voleibol e ir a la playa. Me gustan los deportes, pero me gusta la tranquilidad también. Por ejemplo, me gusta quedarme en casa y mirar vídeos cómicos o de aventuras.

MUJER: ¿ _____?[6]

HOMBRE: Bueno, las cualidades que busco en otra persona son el humor, una buena personalidad, la sinceridad y la inteligencia.

MUJER: Perfecto. Bueno, creo que tengo toda la información que necesito.

Paso 2 Based on the questions asked and the answers given, what kind of job does the woman have?

☐ police officer ☐ professor

☐ reporter ☐ computer dating-service person

COMUNICACIÓN

PARA ENTREGAR Levantar el censo°

Levantar... *Taking a census*

Paso 1 If you were a census taker and had to visit homes to follow up on a report, what questions might you ask to get the information requested below? **¡OJO!** Would you use **tú** or **Ud.?** Write the questions on a separate sheet of paper.

the person's name size of his/her family
the person's age number of people living in the house
place of birth

Paso 2 By now your Spanish instructor has probably asked you a plethora of questions about your studies, friends, habits, interests, and so forth. Well, the tables have turned; now you'll ask the questions. Select some of the questions from **Paso 1** that you would like to ask your instructor and write them out on a separate sheet of paper using **tú** or **Ud.** as appropriate. Add at least three new questions of your own so that in the end you have a total of at least six questions.

IDEAS PARA EXPLORAR

La familia «extendida»

VOCABULARIO

¿Y los otros parientes?

Talking about your extended family

ACTIVIDAD A ¿Quién es?

Paso 1   Review the names and expressions for describing extended families in your textbook.

***Paso 2**   See if you can answer the following questions for each person.

1. Jane Fonda, ¿es tía o prima de Bridget Fonda?
2. Teddy Roosevelt, ¿era primo o abuelo de Franklin D. Roosevelt?
3. Nicolas Cage, ¿es hijo o sobrino de Francis Ford Coppola?
4. Julio César, ¿era abuelo, padre, tío o primo de Augusto?
5. Mary-Kate y Ashley Olsen, ¿son primas o hermanas?
6. John Adams, ¿era abuelo, tío o padre de John Quincy Adams?

*ACTIVIDAD B La familia real británica

Complete the sentences below about the British royal family by identifying the relationships being described.

1. La reina Madre era (*was*) _____ de Carlos, Ana, Andrés y Eduardo.
   a. madre   b. tía   c. abuela materna

2. Los hijos de Carlos y Diana son _____ de los hijos de Andrés y Fergie.
   a. tíos   b. primos   c. hermanos

3. El padre de la reina Isabel, quien fue rey de la Gran Bretaña, _____.
   a. ya murió   b. vive en Francia   c. es tío del príncipe Carlos

4. La hermana de la reina Isabel era _____ del príncipe Eduardo.
   a. prima   b. tía   c. abuela paterna

5. La reina Isabel es _____ de los hijos de Carlos y Diana.
   a. abuela   b. tía   c. prima

ACTIVIDAD C Una familia grande

Paso 1 Listen as the speaker describes his family. You may wish to take notes below as he talks. Feel free to listen more than once if you wish to.

_____

_____

_____

_____

_____

_____

_____

_____

_____

*Paso 2 Now answer the following questions based on what you heard.

1. ¿Cómo se llama la persona que habló y dónde vive?

    _____

2. La persona dice que sus padres están divorciados. ¿Cómo se llaman y cómo se llaman sus padrastros?

    _____

    _____

3. ¿Todavía viven los abuelos?

    _____

    _____

4. ¿Qué puedes decir de la familia extendida de esta persona? ¿Es grande o pequeña? Explica, refiriéndote nada más a los tíos por el momento.

    _____

5. El número de tíos está relacionado con el número de primos. ¿Qué dice Guillermo acerca de sus primos?

    _____

    _____

COMUNICACIÓN

PARA ENTREGAR Mi familia extendida

Using the description offered by Guillermo Trujillo in **Actividad C** as a guide, write a brief (100–150 words) description of your extended family, making references to your parents and siblings, grandparents, aunts and uncles, and cousins. Then, write a series of five questions (true/false, short answer) to accompany the description so that your instructor can use your description for a quiz.

VOCABULARIO

¿Tienes sobrinos?

Additional vocabulary related to family members

*ACTIVIDAD D Definiciones

Match each item in column A to its definition in column B.

A	B
1. _____ casado/a	a. cuando una persona no tiene esposo/a
2. _____ soltero/a	b. cuando una persona tiene esposo/a
	c. el esposo (la esposa) de tu hermano/a
3. _____ tu cuñado/a	d. lo opuesto de muerto/a
4. _____ tu nieto/a	e. el padre (la madre) de tu esposo/a
	f. hijo/a de tu hermano/a
5. _____ tu sobrino/a	g. hijo/a de tu hijo/a; tú eres el abuelo (la abuela) de esta persona
6. _____ tu suegro/a	
7. _____ vivo/a	

*ACTIVIDAD E ¡En el metro!

Listen to the bits and pieces of different conversations among people on the metro and try to follow the train of thought for each. After each exchange, you will be asked to choose the most appropriate and logical line to continue the dialogue.

1. María:
   a. Ah, vive con tus abuelos.
   b. Ah, vive con tu hermano.
   c. Ah, vive con tus tíos.

2. Enrique:
   a. Y tu hermanastro, ¿qué profesión tiene?
   b. Y tu cuñado, ¿qué profesión tiene?
   c. Y tu nieto, ¿qué profesión tiene?

3. Ricardo:
   a. Ah, ¿tus padrastros van a estar?
   b. Ah, ¿tus abuelos maternos van a estar?
   c. Ah, ¿tus abuelos paternos van a estar?

*ACTIVIDAD F La familia García

Look at the García family tree and complete the sentences with information from the tree, giving as much detail as possible.

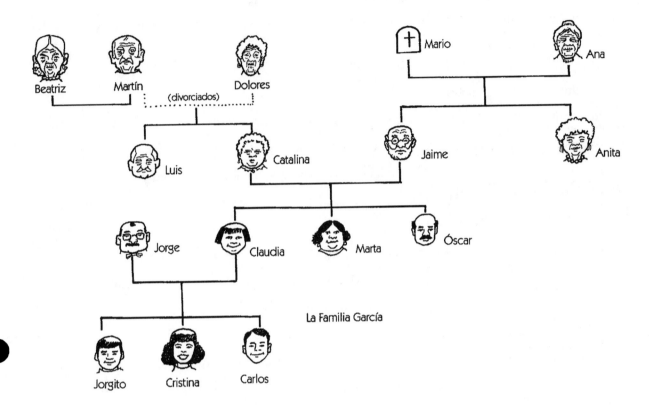

La Familia García

MODELO   Martín *es el padre de* Luis *y Catalina*.

1. Jorge _____ Claudia _____.

2. Anita _____ Óscar _____.

3. Beatriz _____ Luis _____.

4. Marta y Claudia _____ Ana _____.

5. Carlos y Jorgito _____ Cristina _____.

6. Jaime _____ Jorgito _____.

7. Luis _____ Catalina _____.

8. Ana _____ Catalina _____.

9. Jorge _____ Marta _____.

10. Óscar y Marta _____ Luis _____.

COMUNICACIÓN

PARA ENTREGAR La familia de Juan Antonio

Paso 1   Complete the paragraph that follows by choosing the correct words from the list to fill in the blanks. Use a separate sheet of paper.

casada	nieto	soltera
cuñado	parientes	viudo
divorciados	sobrino	ya murió

Juan Antonio tiene 15 años y vive con su padre en Boston. Su madre vive en Nueva York. Sus

padres están _____.[1] A Juan Antonio le gusta visitar a su madre porque tiene

muchos _____[2] y amigos en Nueva York. Su abuelo materno vive allí. Es

_____.[3] Su esposa _____.[4] La hermana de Juan Antonio, Elena,

también vive en Nueva York. Está _____[5] con Alex, un tipo (*guy*) muy simpático.

Cuando está de visita en Nueva York, Juan Antonio frecuentemente juega al béisbol con Alex.

Alex es un _____[6] muy generoso. Elena y Alex tienen un hijo, Nicolás. Sólo tiene

dos años. Es un niño muy activo, y a Juan Antonio le gusta jugar con su _____.[7]

A la madre de Juan Antonio también le encanta su _____.[8] ¡Por fin se acostumbró

a (*she got used to*) ser abuela! La otra hermana de Juan Antonio, Victoria, es estudiante de música

en Nueva York. Ella se dedica mucho a sus estudios. No tiene tiempo para nada ni nadie. Es

_____[9] y vive sola en Greenwich Village. A Juan Antonio le encanta la compañía

de Victoria. Ella lleva una vida muy interesante.

Paso 2   What do you have in common with Juan Antonio and his family? What is different? Make at least five statements in which you compare and contrast yourself with Juan Antonio.

MODELO   Juan Antonio tiene un sobrino, pero yo no tengo sobrinos.

GRAMÁTICA

¿Está casado?

More on **estar** + adjectives

*ACTIVIDAD G Correspondencia

Listen to each question, then circle the most logical response.

1. a. Sí. Murió el año pasado.
    b. Sí. Vive con su esposa en Chicago.
    c. Sí. Se separaron el mes pasado.

2. a. No, pero están separados.
    b. Sí. Van a divorciarse en julio.
    c. No. Todavía están vivos.

3. a. No. Viven en Los Ángeles.
    b. Sí. Vienen de visita los veranos.
    c. No. Están divorciados.

*ACTIVIDAD H Definiciones

Complete each definition with a logical word from the list below. Use the correct gender/number agreement and conjugation.

morir(se)   vivir   vivo   soltero   muerto   separado

1. Si una persona **no está casada** todavía es _____.

2. Si dos personas **están divorciadas** no _____ en la misma casa.

3. Si alguien **está muerto** quiere decir que ya no **está** _____.

4. Si una persona es viuda quiere decir que su esposo o esposa ya **está** _____.

 **COMUNICACIÓN**

PARA ENTREGAR Ricos y famosos

Use **estar** with one of the adjectives you have just learned to describe famous people who are married, recently divorced, or are old and still alive. Make one description false to see if your instructor spots it.

1. _____

2. _____

3. _____

IDEAS PARA EXPLORAR

Mis relaciones con la familia

GRAMÁTICA

¿Te conocen bien?

First- and second-person
direct object pronouns

*ACTIVIDAD A Imagina que...

Imagine that you are the man or the woman in each picture below. Which sentence describes your role in the picture?

1. a. ☐ Me busca otra persona.

   b. ☐ Yo busco a otra persona.

2. a. ☐ Me escucha otra persona.

   b. ☐ Yo escucho a otra persona.

3. a. ☐ No me cree otra persona.

   b. ☐ Yo no creo a otra persona.

● ACTIVIDAD B Me...

Paso 1 Select a relative of yours (**padre, madre, hijo**) or a set of relatives (**padres, hijos, abuelos**) or, if you prefer, a friend, pet, or other creature with whom you have a personal relationship. Then indicate which of the following apply. Remember that **me** is an object pronoun, not a subject!

nombre: _____   relación: _____

1. ☐ Me quiere(n).
2. ☐ Me adora(n) (*adore[s]*).
3. ☐ Me llama(n) con frecuencia.
4. ☐ Me escucha(n).

5. ☐ Me da(n) consejos (*advice*).
6. ☐ Me conoce(n) más que nadie (*more than anyone*).
7. ☐ Me _____.

*Paso 2 How would you ask someone in class about his/her relationship with someone using the above items? Using the object pronoun **te,** rewrite each sentence from **Paso 1,** assuming the person selected the same person as you.

1. _____
2. _____
3. _____
4. _____
5. _____
6. _____
7. _____

Paso 3 Call a classmate on the phone and interview him or her using the items you wrote in **Paso 2.** How do you compare?

◗ *ACTIVIDAD C Rita y Patricia

Listen as two old friends meet by chance and talk about their children. Then indicate who might say each of the following about her children. (Do you know what each sentence below means? Are you correctly interpreting the pronoun **nos?**)

	RITA	PATRICIA
1. Nos llaman por teléfono con frecuencia.	☐	☐
2. Nos mandan fotos de nuestros nietos.	☐	☐
3. No nos escriben.	☐	☐
4. No nos visitan casi nunca.	☐	☐

COMUNICACIÓN

PARA ENTREGAR Él (Ella) y yo

People we live with can bother us, love us, leave us alone, or affect us in a number of ways. Select a person you live with or have lived with and indicate who it is. Then create at least three sentences using **me** and some of the phrases below to describe how that person affects you. Blend your three sentences into a short paragraph, connecting them logically and making them flow.

ayudar	dejar en paz (*to leave alone*)
comprender	escuchar
conocer bien	molestar (*to bother, irritate*)
criticar	

GRAMÁTICA

¿La quieres?

Third-person direct object pronouns

*ACTIVIDAD D ¿Qué pasa° en estos dibujos?

¿Qué... *What's happening*

Select the picture that best corresponds to the sentence.

☐ a.

☐ b.

1. Sus padres lo llaman por teléfono.

☐ a.

☐ b.

2. Las invita al cine Manuel.

 □ a.    □ b.

3. Lo escucha la abuela.

 □ a.    □ b.

4. La niña lo saluda.

 □ a.    □ b.

5. La busca el chico.

*ACTIVIDAD E Actitudes

Listen as the speaker makes statements about the people in the following list. Write down the speaker's attitude toward each person, following the model.

MODELO   (*you see*) su hermano
           (*you hear*) Admiro mucho a mi hermano. →
           (*you write*) La persona lo admira mucho.

1. su mamá: _____

2. su papá: _____

3. sus profesores: _____

4. Roberto y Juan, sus amigos: _____

5. su abuelo: _____

6. Chico, su perro: _____

7. Teresa, su jefa (*boss*): _____

 *ACTIVIDAD F ¿Quién es?

Listen to each statement and select the appropriate picture.

1. ☐ a. ☐ b.

2. ☐ a. ☐ b.

3. ☐ a. ☐ b.

4. ☐ a.   ☐ b.

5. ☐ a.   ☐ b.

*ACTIVIDAD G Un talento especial

Paso 1 Read the following passage. Then answer the questions that follow.

Mis abuelos maternos son mexicanos y los quiero mucho. Viven en San José y cuando viajo a California, siempre los visito.

Mi abuela se llama Concepción y es una persona muy especial. Es médium, es decir, tiene poderes (*powers*) mentales (puede «ver» eventos del futuro y del pasado) pero no los usa con mucha frecuencia. Dice que son un regalo de Dios y debe usarlos con cuidado (*care*). Todos en la familia la admiramos mucho.

Una vez la policía la llamó para pedirle ayuda para investigar un asesinato (*murder*). Mi abuela tocó un objeto personal de la víctima y tuvo una visión del homicidio. Vio muy claro al asesino (sus ojos, el pelo, etcétera) y pronto la policía lo capturó. Mi abuela se convirtió en una persona famosa de la noche a la mañana (*overnight*).

1. El mejor título para la selección es…
   a. «Mi abuela: víctima de un crimen».
   b. «Por qué capturaron a mi abuela».
   c. «Un don (*talent*) especial».
2. Mi abuela es una persona famosa porque…
   a. la policía la investigó.
   b. un hombre la atacó pero ella pudo desarmarlo.
   c. ayudó a la policía.
3. Respecto a sus poderes mentales…
   a. los usa poco.
   b. no los controla muy bien.
   c. no los toma en serio.
4. ¿Qué describe mejor mis sentimientos hacia mi abuela?
   a. La critico por su locura (*craziness*).
   b. La quiero y la estimo mucho.
   c. No lo puedo decir porque nunca la veo ni la visito.

Paso 2   Find the seven third-person direct object pronouns that occur in the passage and underline them. Then tell to what / to whom they refer. The first is done for you.

1.   ...<u>los</u> quiero mucho.   *Los refers to mis abuelos.* _____

2.   _____

3.   _____

4.   _____

5.   _____

6.   _____

7.   _____

 **COMUNICACIÓN**

PARA ENTREGAR Quiero hablar de...

 You have used object pronouns in a variety of ways to talk about family members and people or pets close to you. What about your professors or previous instructors? Is there one who stands out in your mind? Select one of the following paragraphs that reflect your attitude toward this person (you do not need to give a name) and modify it to fit the person you are thinking of. Turn the completed paragraph in to your instructor.

VERSIÓN A

Quiero hablar de mi profesor(a) de _____. Lo/La respeto mucho porque _____.

También lo/la admiro porque _____. Cuando lo/la veo fuera (*outside*) de clase,

_____.

VERSIÓN B

Quiero hablar de mi profesor(a) de _____. Lo/La detesto porque _____.

Cuando lo/la veo fuera de clase, _____. No lo/la puedo recomendar porque

_____.

● # GRAMÁTICA

Llamo a mis padres

The personal **a**

 ***ACTIVIDAD H ¿Qué pasa en estos dibujos?**

You will hear some sentences in Spanish. Select the correct picture for each.

1. ☐ a.

☐ b.

2. ☐ a.

☐ b.

3. ☐ a.

☐ b.

4. ☐ a.

☐ b.

*ACTIVIDAD I Alternativas

Paso 1 Select one of the alternatives to complete each sentence logically. Be sure that you understand what each sentence says and that you are interpreting objects and subjects correctly!

1. Una mujer habla de su hermano.

   «A mi hermano _____ con frecuencia porque vive en otro país.»
   a. lo veo   b. no lo veo

2. Un hombre habla de su madre.

   «A mi madre _____ cada semana. Vive sola —es viuda— y me gusta saber cómo está.»
   a. la llamo   b. no la llamo

3. Un estudiante habla de su profesora.

   «A la profesora García _____. ¡Habla muy rápido!»
   a. la entiendo   b. no la entiendo

4. Un perro habla de su ama (*mistress*).

   «A mi ama _____. Cuando está en casa, la sigo por todas partes.»
   a. la quiero mucho b. no la quiero

Paso 2 Now listen to each person say something about people that he/she knows. Select the alternative that best answers each question.

1. ¿Quién no comprende (*understand*) a quién?
   a. La hermana no comprende a la madre.
   b. La madre no comprende a la hermana.
2. ¿Quién adora a quién?
   a. El hijo adora al esposo.
   b. El esposo adora al hijo.
3. ¿Quién no escucha a quién?
   a. El abuelo no escucha a la abuela.
   b. La abuela no escucha al abuelo.
4. ¿Quién no quiere ver más a quién?
   a. La madre no quiere ver más al cuñado de la persona que habla.
   b. El cuñado no quiere ver más a la madre de la persona que habla.

 COMUNICACIÓN

PARA ENTREGAR ¿Quién es?

Answer each question with real information. Remember to use the correct form of the verb and to use the direct object marker **a** as appropriate.

1. ¿A quién(es) *no* ves con frecuencia? ¿Por qué no?
2. ¿A quién de tu familia conoces mejor? ¿Tienen Uds. personalidades semejantes?
3. ¿A quién de la clase de español *no* conoces bien? ¿Puedes explicar por qué? (Nota: se sienta = *he/she sits*)
4. ¿A qué persona famosa te gustaría conocer? Explica con una o dos oraciones.

VIDEOTECA:

Los hispanos hablan

Paso 1   Lee la siguiente selección **Los hispanos hablan** y contesta las preguntas a continuación (*the following questions*).

1. ¿Cuántos años tiene Leslie Merced?
2. ¿Es española, mexicana o puertorriqueña?
3. Según lo que (*what*) entiendes de la palabra «unida», escoge la opción que mejor termine la siguiente oración. Es posible escoger más de una sola opción.

   En una familia unida…

   a. todos cenan juntos.
   b. los hijos se van de (*leave*) la casa entre los 18 y los 21 años.
   c. hay mucho apoyo (*support*) entre todos sus miembros.
   d. los hermanos no se llevan bien (*don't get along well*).

Los hispanos hablan

¿Cómo son las relaciones familiares en tu país?

NOMBRE: Leslie Merced

EDAD: 38 años

PAÍS: Puerto Rico

«En mi opinión la familia en Puerto Rico es muy unida. No tenemos una restricción en cuanto a la cantidad de tiempo que los hijos se quedan en casa… »

Paso 2   Ahora escucha el segmento completo. Luego contesta las siguientes preguntas.

1. Leslie da un ejemplo de sus…
   a. hermanos.   b. primos.   c. abuelos.
2. Dice que ellos viven en casa con sus padres hasta…
   a. los 20 años.   b. los 30 años.   c. los 40 años.

Paso 3   Piensa en lo que dice Leslie. ¿Es esto típico en tu familia? ¿A qué edad se van los hijos de la casa?

Paso 4   Ahora lee el artículo de una revista hispana que aparece en la siguiente página. ¿Con quién estás de acuerdo, con Olivia o con Ana Lorena? ¿A qué edad debe uno independizarse de sus padres?

En la edición del mes de octubre de la revista **Tú**, en la sección **Las lectoras opinan**, el argumento fue un tema super-interesante, pues refleja una situación que están viviendo las chicas de hoy: «*¿Estás a favor o en contra de independizarte de tus padres, cuando ya has terminado de estudiar,[a] pero aún no te has casado[b]?*». Al final del artículo pedimos tu opinión, y aquí la tienes. Descubre lo que piensan al respecto, las chicas como **Tú**.

EL RESULTADO

El 60% de las opiniones de nuestras lectoras está a favor de independizarse de los padres, cuando se llega a la mayoría de edad.

¿Debes independizarte de tus padres?

«Yo creo que cuando uno cuenta con los recursos necesarios y la mayoría de edad, es bueno independizarse. Una chica debe vivir su propia vida... »
Olivia Narváez, México

«¿Para qué quiere una mujer vivir sola? ¿Con quién compartirá sus alegrías, dudas, tristezas[c]... ? Me parece que la chica que se va de la casa puede ganar[d] en independencia, pero va a perder[e] en comunicación y en calor humano.»
Ana Lorena Castillo, Costa Rica

---

[a]has... *you've finished studying* [b]aún... *you haven't gotten married yet* [c]compartirá... *will she share her joys, doubts, sad moments* [d]*gain* [e]*lose*

LECCIÓN 5

¿A quién te pareces?

In this lesson of the *Manual* you will

◆ Practice describing people's physical appearance and personality

◆ Practice using true reflexives and reciprocal reflexives

◆ Review making comparisons

◆ Review the use of **estar** with some adjectives

◆ Review the differences between **saber** and **conocer**

 You can find additional quizzes to practice the grammar, vocabulary, and cultural themes covered in this lesson on the *¿Sabías que... ?* Online Learning Center website at **www.mhhe.com/ sabiasque5.**

IDEAS PARA EXPLORAR
Características físicas

VOCABULARIO

¿Cómo es? (I)

Describing people's physical features

*ACTIVIDAD A Más sobre la apariencia física

Circle the letter of the response that best completes the sentence.

1. La parte del cuerpo que se usa para sostener (*hold up*) los lentes (*eyeglasses*) son las _____.
   a. pecas   b. orejas   c. mejillas

2. Si el pelo de una persona parece ser de color amarillo (*yellow*), tiene el pelo _____.
   a. rubio   b. moreno   c. lacio

3. Cuando decimos que Juan es más alto que Carlos, comparamos (*compare*) su _____.
   a. cara   b. estatura   c. pelo

4. Muchas veces los abuelos tienen el pelo _____ porque son viejos.
   a. pelirrojo   b. lacio   c. canoso

5. Si una persona tiene el pelo moreno, y los ojos son del mismo color, se dice que tiene ojos _____.
   a. azules   b. castaños   c. verdes

6. Un estereotipo común de los irlandeses (*Irish*) es que todos tienen ojos verdes y son _____.
   a. lacio   b. narices   c. pelirrojos

7. Shirley Temple tenía (*had*) el pelo _____.
   a. rizado   b. canoso   c. lacio

 ### *ACTIVIDAD B ¿Eres artista?

Listen to the following description of a strange-looking person and, in the space below, re-create that person by employing your artistic skills. You should draw as the description is being given; don't wait until the end! However, you may lister to the description more than once.

 **COMUNICACIÓN**

 ### PARA ENTREGAR Las personas que te rodean° y tú

surround

Write a physical description for each person listed. Use complete sentences in Spanish. Comment on height, hair, and facial features, providing details you can say in Spanish.

MODELO   tu hermano → Mi hermano es muy alto. Tiene el pelo corto, rubio y rizado. Tiene los ojos azules y una nariz pequeña.

1. tú   3. tu padre o tu madre
2. tu mejor amigo/a   4. tu profesor(a) de español

GRAMÁTICA

¿Quién es más alto?

Making comparisons

*ACTIVIDAD C Ana y Marta

Look at the drawings of Ana and Marta, two sisters. Then select the sentences that are true.

Ana: 20 años

Marta: 18 años

1. a. Ana es más joven.
2. a. Ana es más alta.
3. a. Ana tiene el pelo más largo.

  b. Ana es mayor.
  b. Marta es más alta.
  b. Marta tiene el pelo más largo.

*ACTIVIDAD D Juanita y Susana

Listen to each sentence on the audio program, then select the sentence that best corresponds with what you heard.

1. a. Juanita mide 5 pies 5 pulgadas (*inches*) y Susana mide 5 pies 7 pulgadas.
2. a. Juanita tiene el pelo un poco moreno.
3. a. Juanita lleva pantalones más grandes.

  b. Juanita mide 5 pies 7 pulgadas y Susan mide 5 pies 5 pulgadas.
  b. Juanita tiene el pelo un poco rizado.
  b. Susana lleva pantalones más grandes.

COMUNICACIÓN

PARA ENTREGAR ¿Cierto o falso?

Prepare a true/false test for use in class. Compare either two women or two men using the following traits: **alto/bajo, delgado,** and one other of your choice. Your instructor may actually bring the items to class to read out loud.

1. _____
2. _____
3. _____

VOCABULARIO

¿Nos parecemos?

Talking about family resemblances

 *ACTIVIDAD E ¿Se parecen?

Listen to the speaker on the audio program and choose the sentence that is the most logical conclusion to draw from what you hear.

1. a. Tiene muchos rasgos físicos en común con la madre.
    b. No tiene ningún rasgo físico en común con la madre.
    c. Se parece mucho al abuelo paterno.
2. a. Los dos hermanos tienen ojos azules.
    b. Un hermano tiene orejas grandes y el otro las tiene pequeñas.
    c. Los dos se parecen al padre.
3. a. Tiene la nariz grande pero el abuelo la tiene pequeña.
    b. Tiene muchos rasgos físicos en común con la abuela.
    c. Los dos son altos y tienen los ojos azules.
4. a. Su hermana es pelirroja y su padre es rubio.
    b. Su hermana tiene muchos rasgos físicos en común con su padre.
    c. Su hermana es adoptiva.
5. a. No tiene ningún rasgo físico en común con sus hermanos.
    b. Todos los hijos son altos y tienen las orejas grandes.
    c. Tiene el pelo rubio y rizado, igual que sus hermanos.

*ACTIVIDAD F Tres hermanos

Paso 1 Below is a drawing of the three Peral brothers, Paco, Esteban, and Martín. Listen to the descriptions given and write the correct name of each brother. Then turn off the audio program.

1. _____

2. _____

3. _____

Paso 2 It's obvious from the picture that the Peral brothers share some features but not others. Write four sentences describing the brothers, making comparisons and contrasts and indicating which brothers do or don't resemble each other. Compare your sentences with those in the Answer Key.

MODELO   Esteban y Paco se parecen. Tienen los ojos castaños.

1. _____

2. _____

3. _____

4. _____

98   *Lección cinco*

COMUNICACIÓN

 ## PARA ENTREGAR Y tú, ¿a quién te pareces?

Family members don't always resemble each other. Do you look like someone in your family? Or have you ever been told you look like someone famous (an actor, politician, singer, and so forth)? On a separate sheet of paper, write a short paragraph describing yourself and the person whom you most resemble in your family, or if you prefer, what famous person you most resemble. Be sure to mention what characteristics you and your "double" have in common (**tienen en común**). You may want to use **Yo soy...** and **Me parezco a...** to start some of your sentences.

 # IDEAS PARA EXPLORAR
Otras características

V O C A B U L A R I O

¿Cómo es? (II)

More on describing people

 ### *ACTIVIDAD A Correspondencia

Write the number of each word you hear next to the corresponding definition.

a. _____ de muy buena aparencia física

b. _____ lo opuesto de **delgado**

c. _____ lo opuesto de **viejo**

d. _____ frecuentemente se dice de las personas a quienes no les gusta hablar en público

e. _____ se dice de las personas contentas que se ríen (*laugh*) mucho

*ACTIVIDAD B ¿Cierto o falso?

Decide whether each sentence is true or false depending on what most people would say.

1. Jack Bauer de *24* es aventurero.
2. Ellen DeGeneres es tímida y retraída.
3. Gwyneth Paltrow es gorda y vieja.
4. Adam Sandler es cómico.
5. Hillary Clinton es generalmente seria.

 **COMUNICACIÓN**

 ## PARA ENTREGAR Una mujer famosa

Select one of the following famous women. Describe her to your instructor to see if he or she can determine whom you selected. Use at least five new adjectives from this lesson and check for agreement.

Oprah Winfrey   Eva Longoria   Marge Simpson

GRAMÁTICA

¿Cómo está?

Describing people's physical or mental state

*ACTIVIDAD C ¿Normal o algo inesperado°?

unexpected

Paso 1 Listen to the speaker describe someone. Indicate whether the speaker describes a normal trait or something unexpected.

	NORMAL	INESPERADO
1.	☐	☐
2.	☐	☐
3.	☐	☐
4.	☐	☐
5.	☐	☐
6.	☐	☐

Paso 2 Without listening again, can you determine whether the speaker was describing a man or a woman? How do you know?

Paso 3 Listen to item 6 again. Which of the following is the logical conclusion?

1. The person has recently lost some weight.
2. The person has recently gained some weight.

*ACTIVIDAD D Reacciones

For each circumstance, select the phrase that best represents the person's reaction.

1. Ramón ve a Paco. Nota que algo no está bien. Le pregunta a Paco:
   a. Eres bastante serio, ¿no? b. Estás bastante serio. ¿Qué te pasa?
2. Carla quiere conocer al primo de Gloria. Gloria, para impresionar a Carla, le dice:
   a. Él es muy guapo. b. Él está muy guapo.
3. Luisa acaba de rebajar (*has just lost*) 10 kilos. Su tía la ve en una fiesta y le dice:
   a. Luisa, eres muy delgada. b. Luisa, estás muy delgada.
4. José tiene cita esta noche. En el espejo (*mirror*) nota que tiene un barro (*pimple*) en la cara y dice:
   a. ¡Caray! No puedo salir. ¡Qué feo soy! b. ¡Caray! No puedo salir. ¡Qué feo estoy!
5. Una profesora se preocupa (*worries*) por un estudiante, Jaime. Desde el primer día de clase Jaime no habla ni participa mucho en la conversación. Un día le pregunta a la profesora anterior de Jaime:
   a. ¿Es tímido Jaime? b. ¿Sabes por qué está tímido Jaime?

 COMUNICACIÓN

 **PARA ENTREGAR En la última clase**

Using the imperfect form of **estar** (**estaba**) to express a state in the past, tell your instructor what people in Spanish class were like during the last class you had. Did anyone seem more serious than usual? More reserved? Did anyone look particularly good? Make at least three statements.

GRAMÁTICA

¿La conoces?

Talking about knowing someone

*ACTIVIDAD F ¿*Saber* o *conocer*?

Listen to the speaker's partial sentences. Which verb would be used to make each sentence complete?

1. ☐ Sé...   ☐ Conozco...

2. ☐ No sé...   ☐ No conozco...

3. ☐ Sé...   ☐ Conozco...

4. ☐ No sé...   ☐ No conozco...

5. ☐ Sé...   ☐ Conozco...

*ACTIVIDAD G ¿Conoces a tu profesor(a)?

First, complete each sentence with either **conoce** or **sabe.** Then indicate whether you think each statement is true or false for your instructor.

	CIERTO	FALSO
1. _____ al presidente de la universidad.	☐	☐
2. _____ por lo menos cinco personas de habla francesa.	☐	☐
3. _____ Madrid muy bien.	☐	☐
4. No _____ el Distrito Federal de México muy bien.	☐	☐
5. _____ mucho de autos y los puede reparar.	☐	☐
6. No _____ mucho acerca de la historia medieval.	☐	☐

COMUNICACIÓN

PARA ENTREGAR Preguntas para tu profesor(a)

From **Actividad G** select two statements from items 1–4 and one statement from items 5–6 and create questions for your instructor to answer. When you get the responses back, check them against your determination of whether the original statements were true or not. How did you do?

1. _____

2. _____

3. _____

IDEAS PARA EXPLORAR
Más sobre las relaciones familiares

GRAMÁTICA

¿Te conoces bien?

True reflexive constructions

*ACTIVIDAD A ¿Reflexivo o no?

Look at each of the following drawings and decide whether the subject and object are the same. Choose the correct sentence to accompany each drawing.

1.

La mujer...

a. ☐ se mira.

b. ☐ la mira.

2.

El chico...

a. ☐ se saluda.

b. ☐ lo saluda.

3.

Carmen...

a. ☐ se ve.

b. ☐ la ve.

4.

El mago...

a. ☐ se levanta.

b. ☐ lo levanta.

*ACTIVIDAD B ¿*Se* o *lo/la*?

Decide whether each situation requires **se** (reflexive) or **lo/la** (if object is different from subject).

1. Luisa entra al trabajo a las 7.00 de la mañana. Por eso tiene que acostar _____ temprano.

2. La niña está muy sucia (*dirty*). La madre tiene que bañar _____.

3. El vampiro no tiene reflejo. No puede ver _____ en el espejo.

4. Esta noche José va a una fiesta elegante e importante. Va a afeitar _____ (*shave*) y duchar _____ (*shower*).

5. El bebé está aprendiendo (*learning*) a caminar. A su padre le gusta observar _____.

6. A María Jesús no le gustan las mañanas. Cuando suena el despertador, no quiere levantar _____.

*ACTIVIDAD C Correspondencia

Match each reflexive sentence in column A with its most logical counterpart in column B. Be sure that you know what each reflexive sentence is saying and that you don't mistake **se** for a subject pronoun!

A

1. _____ Manuel se conoce muy bien.

2. _____ Mi hermana se mantiene sin la ayuda de mis padres.

3. _____ Mi padre se considera liberal.

4. _____ Mi hermano se mira mucho en el espejo.

B

a. Bueno. Tiene que ser muy narcisista.
b. Es independiente.
c. Sabe bien cuáles son sus limitaciones.
d. Sí, pero ¿siempre vota así (*that way*) en las elecciones?

ACTIVIDAD D ¿Cómo te consideras?

Paso 1 What do you consider yourself to be? Select any items that fit. Write a descriptive word of your own on the last line.

Me considero…

☐ liberal.   ☐ conservador(a).

☐ serio/a.   ☐ cómico/a.

☐ impulsivo/a.   ☐ reservado/a.

☐ responsable.   ☐ irresponsable.

☐ extrovertido/a.   ☐ introvertido/a.

☐ aventurero/a.   ☐ tímido/a.

_____

Paso 2 Now call a classmate on the phone. Ask him/her questions based on items in **Paso 1** to find out if he/she views himself/herself in much the same way.

MODELOS ¿Te consideras liberal?
¿Y también te consideras flexible?

COMUNICACIÓN

PARA ENTREGAR Comparaciones

Paso 1 Using the information from **Actividad D ¿Cómo te consideras?**, write a series of five comparative/contrastive statements about you and the person you talked with on the phone.

> MODELO   Yo me considero liberal pero Tony se considera conservador.

Paso 2 Now take your five sentences and connect them to make a smooth paragraph. Here are some words and phrases that can help you.

> en cambio (*on the other hand*)   pero   también
>
> Una/Otra diferencia es que...
> Una/Otra semejanza es que...

GRAMÁTICA

¿Se abrazan Uds.?

Reciprocal reflexives

*ACTIVIDAD E ¿Qué hacen?

Select the reciprocal construction that best represents each drawing.

1.

Los hombres...

a. ☐ se saludan.

b. ☐ se miran.

2.

Los profesores...

a. ☐ se admiran.

b. ☐ se odian (*hate*).

3.

Las mujeres…

a. ☐ se buscan.

b. ☐ se abrazan (*hug*).

4.

Los novios…

a. ☐ se besan (*kiss*).

b. ☐ se escuchan.

5.

Los chicos…

a. ☐ se escriben.

b. ☐ se hablan por teléfono.

 *ACTIVIDAD F La boda

Write down the sentences you hear, then decide whether they are true or false based on the picture.

		CIERTO	FALSO
1.	_____	☐	☐
2.	_____	☐	☐
3.	_____	☐	☐
4.	_____	☐	☐
5.	_____	☐	☐

*ACTIVIDAD G ¿Se llevan bien?

Based on what you know about the various people listed below, determine which alternative best describes their relationship. Listen to the audio program for the answers. (Note: The speaker may say a little more than what's on the page. See if you can understand what she is saying.)

1. Michael Jackson y LaToya Jackson...
   a. se hablan con frecuencia.
   b. no se hablan casi (*almost*) nunca.
2. Antonio Banderas y Julio Iglesias...
   a. se respetan.
   b. se odian.
3. Regis Philbin y Kelly Ripa...
   a. se ven todos los días.
   b. no se ven casi nunca.
4. Los republicanos y los demócratas...
   a. se quieren (*like one another*) mucho.
   b. se toleran.

COMUNICACIÓN

PARA ENTREGAR ¿Típico o no típico?

See if you can create a short activity that your instructor might use in class! Write five items using reciprocal reflexives with **se** that can be used to contrast the following interactions/relationships: student-to-student versus student-to-professor. Copy your sentences on a sheet of paper, and turn them in to your instructor.

MODELO   Se comprenden muy bien.

		ESTUDIANTE ↔ ESTUDIANTE		ESTUDIANTE ↔ PROFESOR	
		TÍPICO	NO TÍPICO	TÍPICO	TÍPICO
1.	_____	☐	☐	☐	☐
2.	_____	☐	☐	☐	☐
3.	_____	☐	☐	☐	☐
4.	_____	☐	☐	☐	☐
5.	_____	☐	☐	☐	☐

VIDEOTECA:

Los hispanos hablan

*Paso 1   Lee **Los hispanos hablan** y contesta las preguntas.

1. Según otras personas, ¿con quién comparte Inma más rasgos físicos?
2. Según Inma, ¿a quién se parece en cuanto a su carácter?

Los hispanos hablan

¿A quién de tu familia te pareces más?

NOMBRE: Inma Muñoa

EDAD: 30 años

PAÍS: España

«Mi familia. Bueno. Mis padres y yo nos parecemos bastante. Físicamente dicen que me parezco más a mi madre, pero no lo sé. Tal vez sí, tal vez no. De manera de ser, de personalidad, creo que me parezco más a mi padre. Veo cosas más comunes con él. Por ejemplo... »

*Paso 2   Ahora escúcha el segmento completo. Luego contesta las siguientes preguntas.

VOCABULARIO ÚTIL

tiene mal genio   (*she*) *has a bad temper*

1. Inma menciona dos características de la personalidad de su padre. Apúntalas aquí: Él es _____

   y también _____.

2. ¿Qué hace la madre de Inma que ella también hace a veces?

3. Según lo que dice Inma de su hermana, completa la siguiente oración: Inma y su hermana

   _____ pero no _____.

*Paso 3   De las cosas que Inma menciona, ¿cuántas se te aplican a ti?: **callado/a, gregario/a, hablador(a), serio/a, protestar mucho/poco, tener mal genio, tener mucha paciencia.**

LECCIÓN 6

¿Y el tamaño de la familia?

In this lesson of the *Manual* you will

◆ Practice the numbers 30–2030 to describe people's ages and express years

◆ Practice the *imperfect* tense

◆ Review the use of **estar** to talk about things going on now

◆ Practice making comparisons of equality

◆ Listen to someone talk about only children

 You can find additional quizzes to practice the grammar, vocabulary, and cultural themes covered in this lesson on the *¿Sabías que... ?* Online Learning Center website at **www.mhhe.com/sabiasque5.**

IDEAS PARA EXPLORAR
Años y épocas

VOCABULARIO

¿Qué edad?

Numbers 30–199 and talking about people's age

ACTIVIDAD A Entre 30 y 100

*Paso 1 Match each numeral in the left hand column with its spelled-out form in the right hand column.

	A		B
1.	___ 97	a.	cincuenta y siete
2.	___ 67	b.	cuarenta y siete
		c.	noventa y siete
3.	___ 37	d.	ochenta y siete
		e.	sesenta y siete
4.	___ 47	f.	setenta y siete
5.	___ 77	g.	treinta y siete
6.	___ 57		
7.	___ 87		

Paso 2 Now listen to the speaker pronounce each number and repeat what you hear.

ACTIVIDAD B ¿Cuántos años tiene... ?

*Paso 1 The numbers 20–100 are important for talking about people's ages. Listen as the speaker makes a statement about a member of his family. Then, in the family tree, write the age of the person about whom he is speaking. (Note: **Mujer** is often used in Spanish to mean *wife*.) Turn off the audio program after you listen to the passage.

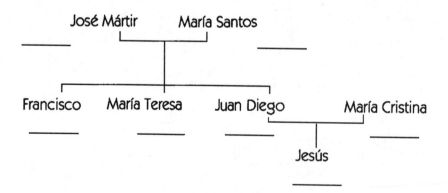

*Paso 2   Can you answer the following questions?

1. ¿Quién es el mayor de los hijos de José y María Santos? _____

2. ¿Cuántos años tenía* María Santos cuando...

    a. nació María Teresa, su hija? _____

    b. nació Jesús, su nieto? _____

Paso 3   Try to say out loud the ages of your parents, grandparents, and a favorite relative. Listen to Juan Diego again if you need a model.

*ACTIVIDAD C Más edades

Listen to the speaker's statements and choose the most logical conclusion to be drawn from each. You may hear words you are unfamiliar with. Apply the strategies for guessing and skipping as you listen.

1. a. Doña Juliana tiene setenta y cinco años.
    b. Doña Juliana tiene sesenta y cinco años.
2. a. Laura tiene treinta y ocho años.
    b. Laura tiene treinta y un años.
3. a. Pablo tiene sesenta y cinco años.
    b. Pablo tiene cuarenta y cinco años.
4. a. Pamela tiene cincuenta y siete años.
    b. Pamela tiene cuarenta y siete años.

■ COMUNICACIÓN

PARA ENTREGAR Entrevista

Paso 1   Listen to the following interchange in which a polltaker interviews a woman outside of a grocery store. Then turn off the audio program.

Paso 2   Write down the following information on a separate sheet of paper.

1. cuándo se casó (*got married*) esta mujer
2. las personas que viven con ella
3. la edad de las personas

Paso 3   Write a brief paragraph, comparing the information in **Paso 2** with similar information about your home and parents (or parent), or about yourself, if you're married.

> MODELO   En la casa de mis padres viven cinco personas. Tía Marta tiene 80 años...

---

*Tenía is a past tense of **tener** that you will learn later in this lesson.

VOCABULARIO

¿En qué año... ?

*ACTIVIDAD D ¿Qué número?

Listen as the speaker says six numbers between 100 and 1000. Write down the numeral that corresponds to each number you hear.

> MODELO (*you hear*) doscientos cuarenta y uno →
> (*you write*) 241

1. _____
2. _____
3. _____
4. _____
5. _____
6. _____

*ACTIVIDAD E AÑOS

Listen as the speaker names years. Write down each year in numerals.

> MODELO (*you hear*) mil novecientos sesenta →
> (*you write*) 1960

1. _____
2. _____
3. _____
4. _____
5. _____
6. _____
7. _____
8. _____

*ACTIVIDAD F ¿En qué año?

Select the year or decade that best completes the sentence. **¡OJO!** Some may be a challenge! Practice saying the year out loud.

1. En _____ los japoneses bombardearon Pearl Harbor.
   a. 1931   b. 1941   c. 1951

2. Hawai llegó a ser estado de la Unión en _____.
   a. 1929   b. 1959   c. 1979

3. _____ marca el 500 aniversario de la llegada de Cristóbal Colón a América.
   a. 1972   b. 1982   c. 1992

4. Bill Clinton fue presidente durante los años _____.
   a. 70   b. 80   c. 90

5. La era de McCarthy con su campaña anticomunista ocurrió durante los años _____.
   a. 50   b. 60   c. 70

6. Los colores psicodélicos se asocian con los años _____.
   a. 40   b. 50   c. 60

COMUNICACIÓN

PARA ENTREGAR Fechas importantes

Make a timeline about important events in your life, including events projected into the future. Each item you mention on your timeline should include the year in numerals and spelled out.

1988 (mil novecientos ochenta y ocho)
fecha de mi nacimiento

MODELO |————————————————————|————————————————|

2006 (dos mil seis) terminé (*finished*)
la escuela secundaria

Include at least

- el año en que naciste
- el año en que terminaste la escuela secundaria
- el año en que piensas graduarte de la universidad
- el año en que vas a cumplir 65 años

If you are married, add

- el año en que te casaste

If you have a particular religious affiliation, include one of the following

- el año en que
  a. hiciste la primera comunión
  b. celebraste el bar (bas) *mitzvah*
  c. ¿ ?

If you or your parents or grandparents immigrated to this country, or if you came to this country as a child, include

- el año en que los abuelos/padres vinieron (la familia vino) a este país

Feel free to include any other significant event in your or your family's life. Try to have at least six different events.

GRAMÁTICA

¿Está cambiando?

The present progressive

*ACTIVIDAD G ¿Qué está haciendo?

Match each item from column A with the item from column B that makes the most sense.

A

1. _____ Juanita quiere informarse sobre las noticias y por eso…

2. _____ José tiene un concierto mañana y por eso…

3. _____ Jaime tiene un examen y por eso…

4. _____ Josefina es hija adoptiva y ahora…

5. _____ Julia es tímida y por eso…

B

a. está buscando a su madre natural.
b. está durmiendo.
c. está escribiendo una composición.
d. está estudiando.
e. está leyendo el periódico.
f. está practicando.
g. no está hablando.

*ACTIVIDAD H ¿Dónde?

Listen to what each speaker says. Indicate the location where that person must be.

1. a. en un restaurante   b. en casa   c. en un museo
2. a. en frente de   b. en frente de   c. en frente de una
      un espejo   su casa   computadora
3. a. en casa   b. en clase   c. en la biblioteca

COMUNICACIÓN

PARA ENTREGRAR ¿Qué están haciendo?

Note the day of the week and the time of day you are completing this activity. Then answer the questions based on what you believe to be true.

Es el _____. Son las (Es la) _____ de la _____.

1. ¿Qué crees que está haciendo tu profesor(a) en este momento?

2. ¿Qué crees que está haciendo _____ (*classmate's name*) ahora?

3. ¿Alguien está leyendo? ¿Quién y qué está leyendo?

IDEAS PARA EXPLORAR
Épocas anteriores

GRAMÁTICA

¿Era diferente la vida? (I)

Introduction to the imperfect tense: singular forms

ACTIVIDAD A Alternativas

Paso 1   Listen to each sentence the speaker says. Select the phrase that best matches what you hear. The answers are given on the audio program.

1. a. cada día   b. ayer
2. a. generalmente   b. una sola vez
3. a. casi siempre   b. anoche por tres horas
4. a. diariamente   b. ayer, después de mi clase
5. a. cada noche   b. anoche

*Paso 2   Match the verb phrases in column A with a logical conclusion in column B. More than one answer may be possible.

A

1. _____ Escuché música…

2. _____ Vi las noticias…

3. _____ Escuchaba música…

4. _____ Veía las noticias…

B

a.   un poquito anoche antes de estudiar.
b.   siempre cuando estudiaba. ¡Me ayudaba a concentrarme!
c.   siempre cuando podía.
d.   por lo general.

ACTIVIDAD B   Contrastes

How has your world changed? Which of the following were true for you as a child but aren't true now? Which were true both then and now?

	CIERTO DE NIÑO/A Y FALSO HOY	CIERTO DE NIÑO/A Y CIERTO HOY
1. Nunca me comía* las verduras (*vegetables*).	☐	☐
2. Tenía un amigo invisible.	☐	☐
3. Les tenía miedo a los perros grandes. (**tener miedo** = *to be afraid*, literally *to have fear*)	☐	☐
4. Me levantaba temprano los sábados por la mañana para ver la televisión.	☐	☐
5. Yo era el centro del mundo de mis padres.	☐	☐
6. No hacía muchos quehaceres (*tasks*) domésticos.	☐	☐
7. Mi familia me llamaba con un apodo (*nickname*).	☐	☐
8. Me gustaba hacer bromas (*jokes*).	☐	☐
9. Pasaba mucho tiempo solo/a.	☐	☐
10. Iba a la escuela en autobús.	☐	☐
11. Podía ver la televisión hasta muy tarde.	☐	☐
12. Me gustaba dormir con la luz prendida (*the light on*).	☐	☐
13. Visitaba a mis abuelos con frecuencia.	☐	☐
14. Me burlaba de mis hermanos.	☐	☐
15. Mis hermanos se burlaban de mí.	☐	☐

***comerse** = *to eat up* (not a true reflexive)

ACTIVIDAD C Preguntas

*Paso 1 For each statement in **Actividad B,** write a question that you could ask someone in class. Use the **tú** form. Then, using the **Ud.** form, write a corresponding question for someone older whom you do not know. The first one is done for you.

1. *¿Te comías siempre las verduras, de niño (de niña)?*

   ¿Se comía siempre Ud. las verduras, de niño (de niña)?

2. _____

3. _____

4. _____

5. _____

6. _____

7. _____

8. _____

9. _____

10. _____

11. _____

12. _____

13. _____

14. _____

15. _____

Paso 2   Listen to the speaker on the audio program for the correct formation of the questions. You may also check your answers in the Answer Key.

*ACTIVIDAD D ¡Cómo cambian las cosas!

Two elderly women, Antonia and Josefina, are discussing some of the changes they have noticed with respect to young people and families in the 1990s. Listen to their conversation and then answer (in Spanish) the questions that follow. (Note: **trabajar fuera de casa** = *to work outside the home*)

1.   ¿Cuáles son los dos cambios que Antonia nota?

   a.   _____

   b.   _____

2.   ¿Qué anécdota personal relata Josefina que apoya (*supports*) las afirmaciones de Antonia?

   _____

   _____

   _____

3.   Según Antonia, ¿por qué trabajan tantas mujeres fuera de casa hoy?

   a.   _____

   b.   _____

4.   ¿Qué opina Antonia de los cambios que ha observado (*that she has noticed*)?

   _____

   _____

COMUNICACIÓN

PARA ENTREGAR ¿Cómo era tu profesor(a)?

Can you guess what your instructor's life was like as a child? Can you guess what he or she used to do? Select seven of the phrases below and make up a true/false activity for your instructor to take. You may adjust any phrase or invent your own statements if you want to find out something different! Follow the model below and remember to use **tú** or **Ud.** as appropriate.

MODELO   De niño (niña)…

		CIERTO	FALSO
1.	Ud. era muy estudioso/a.	☐	☐
or 1.	Eras muy estudioso/a.	☐	☐

llevarse bien con _____

llorar (*to cry*) mucho

ser tímido/a

hablar mucho

ver mucho la televisión

gustarle/te* los chicos (las chicas)

soñar despierto (*to daydream*)

ser estudioso/a

leer _____

tener afán de realización

sacar buenas notas

tenerles miedo a los perros

dormir con una muñeca (*doll*)

coleccionar _____ †

GRAMÁTICA

¿Era diferente la vida? (II)

More on the imperfect tense: plural forms

*ACTIVIDAD E En la década de los 60

Stories abound about how things used to be in the 60s. What would a couple in their fifties or sixties say about what they used to do? ¡OJO! Keep in mind that what was going on in the United States may not have been what was going on in the Hispanic world.

MODELO En la década de los 60, buscábamos la paz y el amor.

En la década de los 60…

1. protestar contra la guerra

   _____

2. llevar pantalones de campana (*bell-bottom*)

   _____

3. tener el pelo largo

   _____

4. experimentar con drogas

   _____

5. escuchar a los Rolling Stones

   _____

6. quemar los sostenes (*bras*)

   _____

7. vivir en comunas (*communes*)

   _____

8. ir a conciertos al aire libre

   _____

9. creer en el amor libre

   _____

10. ¿ ?

    _____

ACTIVIDAD F Mis padres y mis abuelos

Many parents and grandparents like to tell what life used to be like: walking five miles to school, not having a TV, and other stories. Which of the following have you heard about your parents' or grandparents' early years?

---

*Remember that **gustar** means *to be pleasing*; thus **chicos** or **chicas** will be the subject. **Te** and **le** (formal *you*) mean *to you.*

†Some possibilities include **estampillas** (*stamps*), **tarjetas** (*cards*), **monedas** (*coins*), **libros de cómicos,** and **muñecas.** Look up other possibilities in a dictionary.

● Mis padres o mis abuelos…

	SÍ, LO OÍ ALGUNA VEZ	NUNCA OÍ ESO EN MI VIDA
1. caminaban cinco millas para ir a la escuela.	☐	☐
2. tenían sólo un salón de clase (*classroom*) en toda la escuela para estudiantes de varios niveles.	☐	☐
3. sacaban de un pozo (*well*) el agua (*water*) que necesitaban.	☐	☐
4. escuchaban solamente la radio porque la tele no existía.	☐	☐
5. hacían los cálculos de aritmética mentalmente porque no tenían calculadoras.	☐	☐
6. inventaban juegos; no tenían vídeos ni aparatos eléctricos.	☐	☐
7. compartían la cama con otra persona de la familia.	☐	☐
8. tenían que trabajar para ayudar a la familia.	☐	☐
9. hacían su propia ropa porque era más barato (*cheaper*).	☐	☐
10. se levantaban a las 5.00 de la mañana para ordeñar (*milk*) las vacas y hacer labores agrícolas.	☐	☐

🎧 *ACTIVIDAD G ¿Sí o no?

Write down each statement the speaker says. Afterwards, decide whether the statements are true for you or not. (Note: **ayudar** = *to help*)

	SÍ	NO
1. _____	☐	☐
2. _____	☐	☐
3. _____	☐	☐
4. _____	☐	☐
5. _____	☐	☐
6. _____	☐	☐
7. _____	☐	☐
8. _____	☐	☐
9. _____	☐	☐

COMUNICACIÓN

 **PARA ENTREGAR Los años 70**

Paso 1 In the following passage, an older brother tells his younger brother about the way things used to be in the 70s. Finish the narration by choosing verbs from the list that fit the context and putting them in the correct form of the imperfect. Write your numbered answers on a separate sheet of paper.

bailar	querer	ser
gritar (*to shout*)	saber	tener
preocuparnos (*to worry*)	salir	volver

¿Que si recuerdo bien mi adolescencia? Claro que la recuerdo bien. Ocurrió durante los años 70. Era una década diferente a la anterior, ¿sabes? Durante los 70 no _____[1] por problemas políticos tanto como en los 60. Claro, ciertos asuntos _____[2] importantes, pero nosotros en los 70 _____[3] más interés en nuestra apariencia física, en divertirnos (*in having fun*). Probablemente _____[4] más egoístas que los jóvenes de otras generaciones. Recuerdo que durante varios años todas las chicas _____[5] tener el pelo rizado porque así lo _____[6] Barbra Streisand en la película *A Star Is Born*. ¡Ay! Y todos nosotros _____[7] «disco» como locos para imitar a John Travolta en *Saturday Night Fever*. Recuerdo que yo _____[8] con un grupo de amigos todos los sábados por la noche. Íbamos a una discoteca. Yo _____[9] todos los pasos más recientes, más populares. _____[10] a casa muy tarde, ¿recuerdas? Y papá y mamá siempre me _____[11] Ah… ¡ésa sí es una época de recordar!

Paso 2 Write a similar paragraph about how your life used to be before beginning college studies. Include comments about school, your friends, your relationships with other people, things you and your friends liked to do, and so on. It may help to contrast your life to that of the person who was speaking in **Paso 1.** How were they similar or different?

GRAMÁTICA

¿Tienes tantos hermanos como yo?

Comparisons of equality

*ACTIVIDAD H Comparaciones

Read each pair of sentences. Then listen to what the speaker says. Which comparison of equality fits the facts?

1. ☐ a. La familia Rodríguez es tan grande como la familia Gómez.

    ☐ b. La familia Rodríguez no es tan grande como la familia Gómez.

2. ☐ a. Guillermo tiene tantos cuñados como cuñadas.

    ☐ b. Guillermo no tiene tantos cuñados como cuñadas.

3. ☐ a. En la casa de mi madre, vivían tantas personas como en la casa de mi padre.

    ☐ b. En la casa de mi madre, no vivían tantas personas como en la casa de mi padre.

4. ☐ a. En los Estados Unidos, hay tantos estudiantes de filosofía como de economía.

   ☐ b. En los Estados Unidos, no hay tantos estudiantes de filosofía como de economía.

5. ☐ a. El Canadá produce tanto oro (*gold*) como el África del Sur.

   ☐ b. El Canadá no produce tanto oro como el África del Sur.

6. ☐ a. Hay tantos habitantes en Buenos Aires como en la Ciudad de México.

   ☐ b. No hay tantos habitantes en Buenos Aires como en la Ciudad de México.

ACTIVIDAD I En el siglo XIX°

diecinueve

Había is the imperfect form of **hay** and means *there was/were* or, *there used to be*. From the list of words and phrases provided, complete each statement to compare the 19th century with the current one.

enfermedades	abuso infantil	madres solteras
suicidios	viajes internacionales	desamparados (*homeless*)
avances médicos	problemas ambientales	interés en la capa del ozono
pornografía	estudiantes universitarios	hijos únicos

En el siglo XIX...

1. no había tanto _____ como ahora.

2. no había tantos _____ como ahora.

3. no había tantas _____ como ahora.

4. no había tanta _____ como ahora.

*ACTIVIDAD J Hoy y ayer

The following statements compare family life now with family life in previous decades. Using a separate sheet of paper, first, rewrite the sentence inserting either **tan** or **tanto, tanta, tantos,** or **tantas**. Then, write **cierto, falso, probable,** or **no tengo idea** after each sentence based on what you know or think.

1. Las familias de esta década son _____ grandes como las familias de décadas anteriores.

2. Los jefes (*heads*) de familia de la década de los 50 ganaban _____ dinero como los de las familias de hoy.

3. Los padres de la década de los 50 no tenían _____ preocupaciones como los padres de hoy (por ejemplo, drogas en las escuelas, el SIDA, la inflación).

4. Los chicos de esta década no están _____ bien educados como los chicos de décadas anteriores.

5. Las familias de hoy no son _____ unidas como las familias de otras décadas.

6. En la década de los 40 había _____ madres solteras como hoy en día (pero no se hablaba de ellas...).

7. En la década de los 50 no había _____ personas divorciadas como hoy.

8. En la década de los 30 no se pagaban _____ impuestos como hoy día.

Call a classmate and compare your answers.

 **COMUNICACIÓN**

PARA ENTREGAR Comparaciones

Using **tan... como, tanto... como, tanta... como, tantos... como,** and **tantas... como,** write out a series of statements comparing the following items.

1. tus notas en la universidad y tus notas en la escuela secundaria
2. el dinero que gastas en ropa (*clothing*) y el dinero que gastas en comida
3. la cantidad de tiempo que estudias para la clase de español y la cantidad de tiempo que estudias para otra clase
4. alguna característica de tu personalidad de niño (de niña) y esa misma característica ahora (por ejemplo, ser tímido/a, extrovertido/a, etcétera)
5. la relación que tenías con un amigo/a de la escuela secundaria y la relación que tienes con él (ella) ahora o la relación que tienes con un pariente ahora y la relación que tenías con él (ella) cuando eras más joven
6. algo que crees que ha cambiado (*has changed*) o no ha cambiado de la década de los 90 y de la década actual (por ejemplo, el problema de las drogas, la economía)

PRONUNCIACIÓN

¿Cómo se pronuncia *genética* y *guerra*?

As you know, Spanish has a sound similar to the English sound represented by the letter *g* in *good*. And you may remember from studying the preterite tense that the first-person form of the verb **pagar** is spelled **pagué** to keep the **g** sound of **pagar.** (**U** is used in the same way for other verbs ending in **-gar.**) Note that in Spanish **g** when followed by **e** or **i** is always pronounced like an English *h* sound, although there are some dialectical differences in the pronunciation of this sound. Some regions produce the sound further back or further forward in the throat with much more friction.

 Listen as the speaker pronounces these familiar words.

la genética	guía
el gen	la guerra
pagué	

ACTIVIDAD A *¿gue o ge?*

Paso 1 Look at the following unfamiliar words. Decide whether each would be pronounced with a "hard" **g** (**guerra**) or a "soft" **g** (**genética**).

1. el general
2. la gerenta (*boss*)
3. gemir (*to moan*)
4. gimen (*they moan*)

5. Guernica (*a town in Spain*)
6. los guisantes (*peas*)
7. ingenuo (*naive*)
8. genial (*brilliant*)

9. guineo (banana [*Puerto Rico*])
10. ingerir (*to ingest; to eat*)
11. guisado (*stew*)
12. girar (*to revolve*)

Paso 2 Now listen as each item in **Paso 1** is pronounced on the audio program. Were you correct? After checking your answers, listen once again, this time repeating each word after the speaker.

PRONUNCIACIÓN

j

The letter **j** in Spanish never changes in pronunciation. It sounds like the letter **g** when followed by **e** or **i**.*

Listen as the speaker pronounces the following familiar words.

joven   japonés   jefe (*boss*)   juego   reloj   hijo

When you first hear a word with this sound, you may not know whether it's spelled with **je/ji** or **ge/gi.** You'll quickly learn, however, how words are spelled.

joven   japonés   jefe   juego   reloj   hijo

You know that **h** is silent in Spanish. In this unit you have learned many new words that contain an **h: hermano, hija,** and so on. Keep in mind that only **ge, gi,** and **j** represent a sound like English *h*.

ACTIVIDAD B Práctica

Listen as the speaker pronounces the following words. Say each one after the speaker.

jinete (*jockey; horseback rider*)   jardín (*garden*)
jarabe (*syrup; cough medicine*)   juventud (*youth*)
jade   juntar (*to join; to unite*)

ACTIVIDAD C Canción de jinete

You may remember the poet Federico García Lorca from **Lección 2** of this *Manual* (**Verde que te quiero verde...**). In the following poem, García Lorca tells of a man on horseback trying to get to Córdoba in southern Spain. The man worries that he won't make it.

---

*Words borrowed from other languages (**el** *jazz,* **el** *jet*) tend to keep the pronunciation of the original language.

Paso 1 First, read through the poem to become familiar with it, then listen to the speaker deliver the poem. Afterward, go through the poem and pronounce all the words that contain the letter **j**.

CANCIÓN DE JINETE

Córdoba.
Lejana[a] y sola.

Jaca negra,[b] luna[c] grande,
y aceitunas en mi alforja.[d]
Aunque sepa los caminos[e]
yo nunca llegaré[f] a Córdoba.

Por el llano,[g] por el viento,
jaca negra, luna roja,
la muerte me está mirando
desde las torres[h] de Córdoba

¡Ay qué camino tan largo!
¡Ay mi jaca valerosa!
¡Ay que la muerte me espera
antes de llegar a Córdoba!

Córdoba.
Lejana y sola.

[a]*Far away* [b]Jaca... *Black pony* [c]*moon* [d]*y... and olives in my saddle bag* [e]Aunque... *Even though I know the roads* [f]*future form of* **llegar** [g]*flatlands* [h]desde... *from the towers*

Paso 2 Review the more difficult sounds and pronunciations that you have learned: vowels, **d** after **n** and **l** as opposed to **d** everywhere else, **b** between vowels, and **r**. Now listen to the poem again. See if you can read the poem aloud, trying to pronounce each phrase carefully. You may listen as many times as you like.

VAMOS A VER:

Los hijos únicos de hoy

ANTICIPACIÓN

Paso 1 In a minute you will hear someone talk about **los hijos únicos de hoy.** Are you an only child? Do you know any only children? Do you think the behavior or personality of an only child is different from that of a child with siblings? Before listening to the speaker, think about the following questions and indicate which of the following traits you feel characterize an only child.

		SÍ	NO
1.	introvertido/a	☐	☐
2.	competitivo/a	☐	☐
3.	egoísta	☐	☐
4.	generoso/a	☐	☐
5.	trabajador(a)	☐	☐
6.	mimado/a (*spoiled*)	☐	☐

Paso 2   Think of the situation in which an only child finds himself or herself. How might you answer the following?

   1.   ¿Tiene mucho o poco contacto con otros niños?
   2.   ¿Recibe más o menos atención de sus padres en comparación con un niño que tiene hermanos?

Paso 3   You have seen the noun **desarrollo** several times. In the listening passage that follows you will hear the verb **desarrollar.** See if you can guess its meaning after you complete **Exploración.** Remember that the speaker might use unfamiliar words and that you should apply the strategies of guessing and skipping as you listen.

EXPLORACIÓN

Paso 1   Listen to **Los hijos únicos de hoy** on the audio program. For now, listen only for the main ideas. Don't worry about the details.

Paso 2   Which of the following issues were presented in the passage?

	SÍ	NO
1. los mitos (*myths*) del hijo único	☐	☐
2. la correlación entre el tamaño de la familia y la situación económica	☐	☐
3. el tamaño de la familia americana comparado con el de la familia europea	☐	☐
4. los aspectos positivos de ser hijo único	☐	☐
5. los aspectos negativos de ser hijo único	☐	☐

Paso 3   Listen again. This time, listen for the details of the passage. Return to **Pasos 1–2** of **Anticipación.** Can you verify your responses at this time?

Paso 4   Based on what you heard, are the following statements **cierto** or **falso**?

	C	F
1. El número de familias con un solo hijo está subiendo (*is rising*).	☐	☐
2. Muchos expertos opinan que la decisión de tener un solo hijo es una decisión egoísta por parte de los padres.	☐	☐
3. En general, los hijos únicos desarrollan habilidades sociales más sofisticadas que otros niños.	☐	☐
4. Muchos hijos únicos son mimados porque reciben demasiada (*too much*) atención de sus padres.	☐	☐

Paso 5   When you finished reading **"Está disminuyendo el tamaño de la familia"** in your textbook, you made an outline of its content. As you know, outlines are a useful way to summarize information. Based on what you heard in the selection **"Los hijos únicos de hoy,"** create an outline that summarizes the main points and some of the details. First, which of the following seems to reflect the major organizing themes of what you heard?

   1.   los estereotipos frente a la realidad
   2.   los aspectos físicos frente a la personalidad
   3.   los chicos frente a las chicas

Paso 6 The answer is **los estereotipos frente a la realidad.** Using these as headings, make an outline of what you heard. The following should help.

LOS HIJOS ÚNICOS DE HOY

 I. (tema I—*make a general statement here*)
  A.–D. (*add four details to support your general statement; you should be able to list between three and four items*)

 II. (tema II—*make a general statement here*)
  A.–D. (*add four details to support your general statement; you should be able to list between three and four items*)

SÍNTESIS

In a short essay, discuss the misconceptions and realities of only children. Use the information from the outline you just made.

   Muchas personas piensan que los hijos únicos son...

VIDEOTECA:
Los hispanos hablan

Paso 1 Lee lo que dice Zoe Robles sobre el tamaño de su familia y compara lo que dice con la siguiente oración. ¿Es típica la familia de Zoe?

   Por lo general (*Generally speaking*), las familias hispanas son más grandes que las familias norteamericanas.

Los hispanos hablan

¿Te gusta el tamaño de tu familia?

NOMBRE: Zoe Robles

EDAD: 25 años

PAÍS: Puerto Rico

«Mi familia —mi familia es pequeña. Somos cuatro personas solamente: una mamá, mi papá, un hermano mayor que yo por cuatro años y yo, que soy la hija menor. Mi familia es bastante pequeña. Solamente cuatro personas. Es muy pequeña y me gusta tener una familia pequeña porque... »

*Paso 2   Ahora escucha el segmento sobre Zoe y explica la opinión que expresa.

VOCABULARIO ÚTIL

cada cual se mete en lo suyo   *each one does his/her own thing*

Es bueno tener una familia pequeña porque pueden compartir, pero _____.

Paso 3   Ahora lee lo que dice Enrique Álvarez sobre el mismo tema. Toma en cuenta (*Keep in mind*) que en cierto sentido Enrique te está tomando el pelo (*kidding you*). ¿Estás de acuerdo con él?

Los hispanos hablan

NOMBRE: Enrique Álvarez
EDAD: 38 años
PAÍS: España

«Me gusta ser de una familia grande. Pero a veces es complicado, sobre todo a la hora de sentarnos a la mesa para comer si no hay suficiente espacio y todo el mundo quiere comer las mismas cosas. Pero tener una familia grande es divertido. Si tienes algún problema… »

Paso 4   Ahora escucha el segmento sobre Enrique. Luego contesta estas preguntas.

VOCABULARIO ÚTIL

pedir consejo   *to ask advice*

1.   ¿Crees que Enrique y Zoe tienen el mismo temperamento?
2.   ¿Quién parece ser «el hermano mayor responsable»?
3.   ¿Con quién estás de acuerdo, con Zoe o con Enrique?

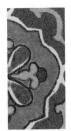

UNIDAD TRES
En la mesa

LECCIÓN 7

¿Qué sueles comer?

In this lesson of the *Manual* you will

◆ Practice describing what you eat for breakfast, lunch, and dinner

◆ Practice using indirect object pronouns

◆ Practice using **estar** with some adjectives

As you work through this and subsequent lessons, you will notice that activities dealing with vocabulary and **Vamos a ver** listening activities are conducted entirely in Spanish. However, explanations about grammatical items and the instructions for activities that focus on grammatical items will continue to appear in English.

You can find additional quizzes to practice the grammar, vocabulary, and cultural themes covered in this lesson on the *¿Sabías que... ?* Online Learning Center website at **www.mhhe.com/sabiasque5**.

IDEAS PARA EXPLORAR

Los hábitos de comer

VOCABULARIO

¿Cuáles son algunos alimentos básicos?

Talking about basic foods in Spanish

ACTIVIDAD A ¿Tienes buena memoria?

Paso 1 Estudia la lista de alimentos en tu libro de texto. Concéntrate en los nombres y fíjate en qué categoría va cada uno.

***Paso 2** Ahora, sin consultar el libro de texto, escribe cada alimento en la lista apropiada.

el arroz	la fruta	las papas
las carnes	la leche	el pollo
los cereales	la lechuga	el helado
los espaguetis	el maíz	la toronja
las fresas	la mantequilla	

CALCIO

_____

PROTEÍNAS

_____

VITAMINAS Y FIBRA

_____

CARBOHIDRATOS Y FIBRA

_____

GRASAS

_____

*ACTIVIDAD B ¿Cuál se describe?

Vas a escuchar una serie de descripciones de diferentes alimentos. Para cada descripción escoge (*choose*) el alimento que le corresponda (*that corresponds to it*) mejor.

MODELO   (*oyes*) Esta fruta roja es alta en fibra. Se asocia con los profesores. →
               (*escoges*) la manzana

1. a. el queso
2. a. el aguacate
3. a. las papas
4. a. el jamón
5. a. la banana
6. a. el atún
7. a. la lechuga
8. a. el pan integral

   b. el aceite de oliva
   b. la toronja
   b. las uvas
   b. los frijoles
   b. la naranja
   b. la hamburguesa
   b. la zanahoria
   b. las nueces

   c. la leche
   c. el melón
   c. las espinacas
   c. los huevos
   c. el maíz
   c. la chuleta de cerdo
   c. el arroz
   c. el helado

*ACTIVIDAD C Otras categorías

Basándote en el modelo, escribe una oración relacionada con cada alimento.

MODELO los guisantes: verde, amarillo →
Los guisantes suelen ser verdes.

1. las bananas: rojo, amarillo

   _____

2. el interior de la papa: blanco, marrón

   _____

3. los tomates: rojo, marrón

   _____

4. la mantequilla de cacahuete: rojo, marrón

   _____

5. los limones: dulce, agrio

   _____

6. el atún: salado, dulce

   _____

COMUNICACIÓN

PARA ENTREGAR ¡Una comparación!

¿Has considerado (*Have you considered*) la posibilidad de que tengas (*that you might have*) algo en común con alguna verdura? ¿alguna fruta? ¿algún otro alimento? En esta actividad vas a compararte (*compare yourself*) con un alimento. Puedes basar la comparación en una característica física, emocional, geográfica, etcétera. ¡Luego, compara a tu profesor(a) de español con algún alimento!

MODELO Soy como el limón porque soy rubio. También tengo una personalidad un poco «tropical». A veces soy agrio. (Etcétera)

Soy como _____

_____

_____

Mi profesor(a) de español es como _____

_____

_____

GRAMÁTICA

¿Que si me importan los aditivos?

Other verbs like **gustar** and the indirect object pronoun **me**

ACTIVIDAD D ¿Eres atrevido/a?°

¿Eres... *Are you daring?*

Paso 1 Read the following series of statements about exotic foods. What do you think of these foods? Check off your response to each.

	¡SÍ!	¡NO!	NO SÉ
1. Me encanta la anguila (*eel*) frita.	☐	☐	☐
2. Me encantan los huevos encurtidos (*pickled*).	☐	☐	☐
3. Me gusta la lengua de vaca (*cow's tongue*).	☐	☐	☐
4. Me encanta el pulpo (*octopus*).	☐	☐	☐
5. Me fascinan los saltamontes (*grasshoppers*) cubiertos de chocolate.	☐	☐	☐
6. Me gusta mucho el tiburón (*shark*).	☐	☐	☐
7. Me encanta la zarigüeya (*possum*).	☐	☐	☐
8. Me gustan los calamares.	☐	☐	☐
9. Me gusta la morcilla (*blood sausage*).	☐	☐	☐

Paso 2 Basándote en tus respuestas del **Paso 1,** escoge la afirmación que mejor te describa (*describes you*).

1. ☐ Soy muy atrevido/a. Me gusta probar comidas exóticas.

2. ☐ Soy un poco atrevido/a. A veces me interesa probar platos exóticos por curiosidad.

3. ☐ No soy nada atrevido/a respecto a lo que como. No me gusta la comida exótica.

*ACTIVIDAD E ¿Quién?

On the audio program a young married couple discusses which restaurant to eat in. Manolo and Estela have very different tastes when it's a matter of the kind of food they like. Listen to the dialogue and then read the statements below. Indicate which person you think would make each statement.

	MANOLO	ESTELA
1. Prefiero ir al restaurante El Jardín. Tienen un buffet de ensalada excelente.	☐	☐
2. No me importa donde comamos. A mí me encanta comer de todo.	☐	☐
3. Creo que voy a pedir las chuletas de cerdo.	☐	☐
4. ¿Dónde está mi revista (*magazine*) *La vida vegetariana*?	☐	☐
5. Vamos a McDonald's. Me apetece una hamburguesa.	☐	☐

COMUNICACIÓN

PARA ENTREGAR ¿Te conoce bien tu profesor(a)?

Write eight sentences, some false and some true, in which you use the verbs **encantar, importar, interesar, gustar,** and **apetecer.** Use each verb at least once. See how well your instructor knows you and whether he or she can tell the false statements from the true ones. (You don't have to write only about food.)

MODELO Me preocupan los precios en el supermercado.

GRAMÁTICA

¿Te importan los aditivos?

Te and **nos** as indirect object pronouns

*ACTIVIDAD F Si eres...

For each statement below, select the words that best complete the sentence.

1. Si eres altruista, te importa(n)...
   a. el dinero.
   b. los sentimientos de otros.
   c. la salud (*health*) física.
2. Si eres conservador, no te gustan...
   a. las ideas liberales.
   b. las universidades.
   c. las tradiciones.
3. Si eres espontáneo, te agrada...
   a. hacer muchos planes.
   b. ser libre.
   c. ser rutinario.
4. Si eres filantrópico, te importa...
   a. acumular dinero.
   b. la política.
   c. regalar dinero.
5. Si eres paranoico, te molesta(n)...
   a. los secretos de otros.
   b. la educación.
   c. la economía.
6. Si eres introvertido, te molesta(n)...
   a. cazar (*to hunt*) animales.
   b. quedarte en casa.
   c. hablar con desconocidos (*strangers*).

ACTIVIDAD G ¡Tantas preocupaciones!

Paso 1 It's been said that the college years are the best time in a person's life—and the most worry-free! However, students do have many things that concern them. How do you respond to the following questions?

	SÍ	NO
1. ¿Te importa sacar buenas notas?	☐	☐
2. ¿Te gusta estudiar materias nuevas?	☐	☐
3. ¿Te importa conocer a tus profesores?	☐	☐
4. ¿Te gusta ir a fiestas?	☐	☐
5. ¿Te gusta participar en actividades extraescolares?	☐	☐
6. ¿Te importa ir a los partidos de fútbol, básquetbol, etcétera?	☐	☐
7. ¿Te importa comer bien?	☐	☐

	SÍ	NO

8. ¿Te importa mantenerte activo, hacer ejercicio? ☐ ☐

9. ¿Te importa dormir lo suficiente? ☐ ☐

Paso 2 Now interview a classmate (or someone else who speaks Spanish) and ask him/her the same questions. Note his/her responses.

Paso 3 How do your responses compare? Select the phrase(s) below that best describe(s) how you both responded.

1. ☐ A los dos nos importa mucho el componente académico de la universidad: nos importan las notas, las materias y los profesores.

2. ☐ A los dos nos importa mucho el aspecto social de la universidad: nos importan las fiestas, las organizaciones y los deportes.

3. ☐ A los dos nos importa mucho la salud: nos importan la dieta, el ejercicio y el sueño.

 COMUNICACIÓN

 PARA ENTREGAR ¿Cuál es tu reacción?

It is always helpful for an instructor to receive feedback about a course during the semester so that strengths and weaknesses can be addressed. For this assignment you are going to write a letter to your Spanish instructor. Use the verbs **encantar, gustar, interesar,** and **importar** to give opinions about the course on behalf of you and your classmates. (Be constructive in your comments!) Remember that when using these verbs you will use the indirect object pronoun **nos** (e.g., **Nos gusta ver vídeos en español.**) since you will be talking about you and your classmates together. Your letter should be 10–12 sentences in length. Begin your letter with the phrase **"Estimado(a) profesor(a)."**

 # IDEAS PARA EXPLORAR
A la hora de comer

VOCABULARIO

¿Qué desayunas?

Talking about what you eat for breakfast

*ACTIVIDAD A Asociaciones

Escucha las cinco cosas mencionadas en el programa auditivo. Marca la palabra que asocias con cada una.

MODELO (oyes) el jugo →
    (marcas) a. las galletas b. las nueces © las naranjas

1. a. los carbohidratos   b. las grasas   c. las vitaminas
2. a. la mantequilla   b. los frijoles   c. el helado
3. a. la vaca (cow)   b. el puerco (pig)   c. la gallina (chicken)
4. a. un sabor salado   b. las frutas   c. las proteínas
5. a. un sabor agrio   b. una forma redonda   c. el color amarillo

*ACTIVIDAD B ¿Qué incluye y qué no incluye?

Sin consultar el libro de texto, escoge la mejor manera de completar cada oración.

1. El desayuno español no suele incluir…

    a. ☐ huevos revueltos.

    b. ☐ tostadas con mermelada.

2. El desayuno norteamericano puede consistir en…

    a. ☐ churros y café.

    b. ☐ huevos fritos y café.

3. Los dos desayunos (el español y el norteamericano) pueden incluir…

    a. ☐ café.

    b. ☐ tocino.

4. El desayuno español puede incluir…

    a. ☐ tocino.

    b. ☐ bollería variada.

5. Los panqueques y las salchichas son más típicos del desayuno…

    a. ☐ español.

    b. ☐ norteamericano.

*ACTIVIDAD C El desayuno

Paso 1 Vas a escuchar a cinco personas describir lo que desayunan. Escoge el dibujo que corresponda a cada descripción y escribe el nombre de la persona en el espacio.

1.

_____

2.

_____

3.

_____

4.

_____

5.

_____

Paso 2 En la tabla a continuación, copia los nombres del **Paso 1** en la primera columna. Luego, completa la tabla escribiendo los alimentos que cada persona suele comer en las categorías apropiadas.

PERSONA	PRODUCTOS LÁCTEOS	CARNES	FRUTA/VERDURAS	CARBOHIDRATOS
1. Carlos	leche	jamón, huevos	ninguna	pan tostado
2. _____	_____	_____	_____	_____
3. _____	_____	_____	_____	_____
4. _____	_____	_____	_____	_____
5. _____	_____	_____	_____	_____

COMUNICACIÓN

PARA ENTREGAR Algo más sobre tu desayuno

Paso 1 En una hoja aparte, copia y completa las siguientes frases con nombres de comidas o alimentos según el caso.

1. Nunca o casi nunca desayuno _____ y _____.

2. Todos los días desayuno _____.

3. Preparo _____ y _____ en casa. Nunca los pido (*order*) en los restaurantes.

4. Como _____ y _____ en los restaurantes. Nunca los preparo en casa.

5. Suelo desayunar _____ durante las semanas de exámenes.

6. Suelo desayunar _____ y _____ los fines de semana, pero no durante el resto de la semana.

Paso 2 Ahora, llama por teléfono a un compañero (una compañera) de la clase de español para ver cómo completa las mismas oraciones. Anota sus respuestas.

Paso 3 Escribe un párrafo corto comparando tu horario de comidas y los alimentos que sueles comer con los de tu compañero/a y entrégale el párrafo a tu profesor(a).

VOCABULARIO

¿Qué comes para el almuerzo y para la cena?

Talking about what you eat for lunch and dinner

*ACTIVIDAD D ¿Cuál se describe?

Escoge la respuesta que mejor corresponda a cada descripción.

MODELO Es una combinación de verduras crudas. Puede incluir lechuga, tomate y otras verduras. →
a. las papas fritas ⓑ la ensalada mixta c. las lentejas

1. Es un alimento que se asocia con la comida rápida. Consiste en pan, queso y carne.
   a. el refresco   b. la hamburguesa con queso   c. el filete de ternera
2. Es una bebida alcohólica que se toma fría para el almuerzo, la cena y también en las fiestas.
   a. el agua   b. el jugo de naranja   c. la cerveza
3. Es la comida más importante del día para los españoles.
   a. el desayuno   b. el almuerzo   c. la cena
4. Es un postre que se prepara con huevos, leche y azúcar.
   a. el flan   b. la gelatina   c. las patatas
5. Es un alimento que los norteamericanos suelen tomar en el desayuno y los españoles en la cena.
   a. el vino   b. los huevos fritos   c. las legumbres variadas

*ACTIVIDAD E Más definiciones

Vas a escuchar tres posibles definiciones de cada alimento a continuación. Marca la letra que dé (*gives*) la mejor definición de cada uno.

1.	la hamburguesa	a	b	c
2.	la tortilla de chorizo	a	b	c
3.	el emperador a la plancha	a	b	c
4.	los guisantes	a	b	c
5.	la tarta	a	b	c

*ACTIVIDAD F Una conversación sobre la comida

Estás en el centro comercial (*mall*) y oyes una conversación entre dos personas. Escucha bien y contesta las preguntas que siguen.

1. ¿Qué piensan hacer estas personas?
   a. Dar una fiesta.   b. Hacer un picnic.   c. Comer en un restaurante.
2. ¿De qué color va a ser su ensalada? Va a ser…
   a. de color verde y rojo.   b. de color blanco o amarillo.   c. de diferentes colores.
3. ¿Van a comer algo muy dulce de postre?
   sí   no

*ACTIVIDAD G ¿Qué comida es?

Vas a escuchar cuatro conversaciones breves. Después de escuchar cada conversación, indica la mejor respuesta para cada pregunta.

1. ¿Qué pide el cliente?
   a. un almuerzo español
   b. una cena norteamericana
   c. una cena española
2. ¿Qué pide el cliente?
   a. un desayuno español
   b. una cena norteamericana
   c. un almuerzo norteamericano

3. ¿De qué comida hablan la mamá y el niño?
   a. de un desayuno español
   b. de una cena norteamericana
   c. de un desayuno norteamericano
4. ¿De qué comida hablan las amigas?
   a. de un almuerzo norteamericano
   b. de un almuerzo español
   c. de un desayuno español

COMUNICACIÓN

PARA ENTREGAR Tu dieta

Paso 1 En una hoja aparte, haz una lista de los alimentos que comiste ayer. Da todos los detalles posibles.

DESAYUNO   ALMUERZO   CENA

Paso 2 Analiza la lista del **Paso 1** usando la siguiente tabla como guía.

Mis comidas incluyen...

	DESAYUNO	ALMUERZO	CENA
productos lácteos	☐	☐	☐
carnes, aves, etcétera	☐	☐	☐
frutas y verduras	☐	☐	☐
carbohidratos	☐	☐	☐
grasas	☐	☐	☐

Mis comidas proporcionan...

	DESAYUNO	ALMUERZO	CENA
calcio	☐	☐	☐
proteínas	☐	☐	☐
vitaminas y fibra	☐	☐	☐
carbohidratos y fibra	☐	☐	☐

Paso 3 Según el análisis que hiciste en el **Paso 2,** escribe un breve resumen de tu dieta.

MODELOS   Creo que mi dieta es bien equilibrada. Por ejemplo, suelo desayunar _____. Almuerzo...

Mi dieta no es equilibrada. Suelo desayunar _____. Es evidente que el desayuno no me proporciona _____. Para el almuerzo como...

Nombre _____ Fecha _____ Clase _____

 # IDEAS PARA EXPLORAR
Los gustos

VOCABULARIO

¿Qué meriendas?

Talking about snacks and snacking

*ACTIVIDAD A ¿Cierto o falso?

Vas a escuchar una serie de afirmaciones sobre las meriendas. Indica si cada afirmación es cierta o falsa.

MODELO   (*oyes*) La fruta es una merienda muy buena para los niños. →
(*marcas*) cierto

	CIERTO	FALSO		CIERTO	FALSO
1.	☐	☐	4.	☐	☐
2.	☐	☐	5.	☐	☐
3.	☐	☐	6.	☐	☐

*ACTIVIDAD B Más definiciones

Escoge la respuesta que mejor corresponda a cada descripción. Marca la letra de la respuesta correcta en cada caso.

MODELO   Es un alimento pequeño y dulce. Algunos son de chocolate.
(a.) los dulces   b. las palomitas   c. las patatas fritas

1. Este alimento consiste en maíz tostado. Es pequeño y blanco.
   a. las galletas
   b. la máquina vendedora
   c. las palomitas
2. Es la merienda favorita de muchos niños. Las comen con leche cuando regresan de la escuela.
   a. las papas fritas
   b. las galletas
   c. tener hambre
3. Es el verbo que describe la condición física de una persona que necesita comer algo.
   a. tener hambre
   b. traer
   c. merendar
4. Es una verdura que se fríe (*is fried*) en aceite. Se compra en paquetes.
   a. las papas fritas
   b. los pasteles
   c. los dulces
5. Es algo salado, fácil de preparar en el microondas (*microwave*) y también se come en el cine.
   a. las patatas fritas
   b. las palomitas
   c. los dulces

COMUNICACIÓN

 **PARA ENTREGAR ¿Qué sueles merendar?**

Paso 1 En una hoja aparte (*On another sheet of paper*), contesta las siguientes preguntas.

1. Si meriendas, ¿a qué hora sueles merendar? (Si no meriendas, explica por qué no.)
2. ¿A qué horas del día te da hambre? ¿Siempre comes o meriendas cuando tienes hambre?
3. Indica qué alimentos comes para la merienda y cómo los consigues (por ejemplo, si los compras, si los traes de tu casa a la universidad, etcétera).

Paso 2 Basándote en las respuestas a las preguntas del **Paso 1,** completa una de las siguientes oraciones.

Es evidente que...   Soy una persona que / a quien...   Para mí, la merienda...

GRAMÁTICA

¿Le pones sal a la comida?

Le and **les** as third person indirect object pronouns

*ACTIVIDAD C ¿Objeto indirecto o sujeto? (I)

Indicate who is performing the action and who the indirect object is in each statement.

MODELO   Les dicen los niños muchas mentiras (*lies*) a sus amigos. →

a. _____*kids*_____ tell lies

b. _____*friends*_____ are told the lies

1. El estudiante le entrega la tarea a la profesora.

   a. _____ gives the homework

   b. _____ is given the homework

2. Los clientes le piden sal a la mesera.

   a. _____ ask(s) for salt

   b. Salt is requested from _____

3. La Sra. García les pregunta a los estudiantes si estudian mucho.

   a. _____ ask(s) about studying

   b. _____ is/are asked about studying

4. Los padres les leen cuentos (*stories*) a sus hijos.

   a. _____ read stories

   b. Stories are read to _____

5. Claudia le compra flores a su novio.

   a. _____ buys flowers

   b. Flowers are bought for _____

*ACTIVIDAD D ¿Objeto indirecto o sujeto? (II)

Select the picture that goes best with what the speaker says.

1. a.

b.

2. a.

b.

3. a.

b.

4. a.   b.

5. a.   b.

*ACTIVIDAD E ¿Objeto indirecto o sujeto? (III)

Keeping in mind that word order in Spanish is more flexible than in English and that Spanish uses the little word **a** to mark both direct and indirect objects, select the drawing that correctly captures what the sentence says.

1. A Susanita no le gusta Felipe para nada.

2. A mis padres no les gustan mis amigos.

a.   b.

a.   b.
«¡Tus amigos son   «No queremos hablar
unos brutos!»   con tus padres.»

3. A los García no les gustan los Suárez.

a.
«De acuerdo. Los García
son antipáticos (*unpleasant*).
No vamos a invitarlos.»

b.
«De acuerdo. Los Suárez
son antipáticos. No vamos
a invitarlos.»

4. Al perro no le gusta el gato.

a.

b.

ACTIVIDAD F Bebidas

In the textbook, you completed activities in which you talked about what you do and don't put on foods. But what about drinks (**bebidas**)?

Paso 1 Check off those items that you believe people commonly put in drinks. The last one is left blank for you to add new information.

1. Al café, muchas personas...

   ☐ le ponen azúcar.

   ☐ le ponen leche.

   ☐ le ponen miel (*honey*).

   ☐ no le ponen nada.

   ☐ le ponen _____.

2. Al té, muchas personas...

   ☐ le ponen azúcar.

   ☐ le ponen leche.

   ☐ le ponen miel.

   ☐ le ponen limón.*

   ☐ no le ponen nada.

   ☐ le ponen _____.

_____
***Limón** can mean either *lemon* or *lime*.

3. A la cerveza, muchas personas…

☐ le ponen sal.

☐ le ponen limón.

☐ no le ponen nada.

☐ le ponen _____.

4. Al chocolate caliente, muchas personas…

☐ le ponen canela (*cinnamon*).

☐ le ponen nata (*whipped cream*).

☐ no le ponen nada.

☐ le ponen _____.

Paso 2 Now write one or more sentences to indicate what you put in **café, té, cerveza,** and **chocolate caliente.** Follow the models provided.

MODELOS Al café le pongo leche.

No le pongo nada al café. Me gusta tomarlo solo.

1. _____

2. _____

3. _____

4. _____

COMUNICACIÓN

PARA ENTREGAR Tus acciones

On a separate sheet of paper, write a series of sentences using the following phrases to tell what you do to or for other people. You may add whatever information or words you like, such as **nunca** and **a veces,** and you may talk about family or friends.

prestar (*to lend*) dinero
escribir cartas
mandar tarjetas (*to send greeting cards*)
hablar de mis problemas

decirles qué cosas son importantes en mi vida
pedir dinero
guardar (*to keep*) secretos

MODELO Nunca les hablo a mis padres de mis problemas. No me comprenden.

GRAMÁTICA

¡Está muy salada!

More on **estar** + adjectives

*ACTIVIDAD G ¿Alta cocina o comida rápida?

Indicate whether the following statements would probably be said during a meal at a gourmet (**alta cocina**) restaurant or a fast food restaurant.

	RESTAURANTE DE ALTA COCINA	RESTAURANTE DE COMIDA RÁPIDA
1. Las bebidas están aguadas (*watered down*).	☐	☐
2. Los mariscos están frescos y deliciosos.	☐	☐
3. Los baños (*restrooms*) están olorosos.	☐	☐

	RESTAURANTE DE ALTA COCINA	RESTAURANTE DE COMIDA RÁPIDA
4. La carne está seca (*dry*) y dura.	☐	☐
5. El café está muy rico; no está aguado.	☐	☐
6. Las servilletas (*napkins*) están suaves (*soft*) y bonitas.	☐	☐
7. El jugo de naranja está agrio.	☐	☐
8. La fruta está madura (*ripe*) y dulce.	☐	☐
9. Las mesas y sillas están sucias (*dirty*).	☐	☐
10. Las papas están muy saladas.	☐	☐

*ACTIVIDAD H El Truco 7

You will hear Marisa describe an experience she had last night at her favorite restaurant, El Truco 7. After listening to her story, indicate whether each sentence is true or false based on what you heard.

	CIERTO	FALSO
1. Los espárragos estaban blandos (*tender*).	☐	☐
2. El pastel de chocolate estaba delicioso.	☐	☐
3. El bistec estaba crudo.	☐	☐
4. El coctel de camarones estaba salado.	☐	☐
5. La leche para el café estaba pasada.	☐	☐
6. El puré de papas estaba frío.	☐	☐

 COMUNICACIÓN

PARA ENTREGAR Tu restaurante favorito

Using **Actividad H** above as a guide, write a short paragraph of approximately 75 words describing a bad dining experience you have had in your favorite restaurant / eatery or one you frequent regularly. Don't forget to use adjectives with **estar** to describe the food, service, and so on.

V I D E O T E C A :

Los hispanos hablan

Paso 1 Lee lo que dice Elizabeth Narváez-Luna y luego contesta las siguientes preguntas.

1. Cuando Elizabeth dice «me llamó mucho la atención» quiere decir que…
   a. algo era notable. b. algo era poco interesante.
2. Las horas de almorzar y cenar en México son semejantes a las de…
   a. los Estados Unidos. b. España.

Los hispanos hablan

Al llegar a los Estados Unidos, ¿qué hábitos de comer de los norteamericanos te llamaron la atención?

NOMBRE: Elizabeth Narváez-Luna

EDAD: 29 años

PAÍS: México

«Primero me llamó mucho la atención la cena, que cenaron a las 5.00 de la tarde. Y ya después ya no comían nada. Porque en México estaba acostumbrada a comer tarde, como a las 2.00 ó 3.00 de la tarde, y volver a cenar a las 8.00 ó 9.00 de la noche. Incluso ahora que tuve mi bebé y estaba en el hospital... »

*Paso 2 Ahora escucha el segmento completo y luego contesta las preguntas a continuación.

VOCABULARIO ÚTIL

una bolsa	*a bag, sack*
las enfermeras	*the nurses*
sanas	*healthy*
se me hacía	*seemed to me*

1. ¿Se acostumbró Elizabeth al horario del hospital?
2. ¿Qué dice ella en cuanto al sabor de la comida en los Estados Unidos?

LECCIÓN **8**

¿Qué se hace con los brazos?

In this lesson of the *Manual* you will

◆ Practice talking about eating at home and in a restaurant

◆ Practice using the impersonal **se** and the passive **se**

◆ Practice using **para** in certain contexts

You can find additional quizzes to practice the grammar, vocabulary, and cultural themes covered in this lesson on the *¿Sabías que... ?* Online Learning Center website at **www.mhhe.com/sabiasque5**.

IDEAS PARA EXPLORAR

Los buenos modales

VOCABULARIO

¿Qué hay en la mesa?

Talking about eating at the table

ACTIVIDAD A ¿Qué haces?

A continuación hay una lista de actividades que muchas personas hacen al sentarse a la mesa en un restaurante. ¿Qué haces tú? Marca las cosas que sueles hacer. (**¡OJO!** Las actividades no están en ningún orden en particular.)

	SÍ	NO
1. Me pongo la servilleta en las piernas.	☐	☐
2. Pido (*I order*) una jarra de agua.	☐	☐
3. Leo la lista de entremeses (*appetizers*) en el menú.	☐	☐
4. Reviso (*I inspect*) los cubiertos (el tenedor, el cuchillo, la cuchara).	☐	☐
5. Pido una copa de vino.	☐	☐
6. Pido una taza de café.	☐	☐
7. Limpio la silla (antes de sentarme).	☐	☐
8. Leo la lista de vinos.	☐	☐
9. Pongo los brazos encima de (*on top of*) la mesa.	☐	☐
10. Me fijo en (*I check out*) los precios del menú.	☐	☐

ACTIVIDAD B Asociaciones

Paso 1 Para cada objeto a continuación escribe una palabra asociada que se te ocurra (*that occurs to you*).

1. el cuchillo _____

2. la copa _____

3. el plato _____

4. el tenedor _____

5. la taza _____

6. la servilleta _____

7. la jarra _____

8. el salero _____

Paso 2 Escucha mientras una persona le hace a su amiga un *test* de asociación utilizando los objetos del **Paso 1**. ¿Hace la amiga las mismas asociaciones que tú hiciste?

ACTIVIDAD C ¿Qué falta?

Lee cada conversación a continuación y rellena los espacios en blanco con algo lógico. Luego escucha el programa auditivo para ver si has escrito lo mismo que aparece en la conversación «original».

CONVERSACIÓN 1

ANA MARÍA: (*mirando sus papas fritas*) ¿Me pasas _____ por favor?

RAMÓN: Sí. Como no.

ANA MARÍA: Gracias.

RAMÓN: Oye. ¿No te preocupas por la presión de sangre (*blood*)?

CONVERSACIÓN 2

MAMÁ: ¡Manuel! ¿Me ayudas (*help*) a _____? Vamos a comer en unos minutos.

MANUEL: (*gritando desde su cuarto*) ¡Sí, mami! ¡Ahora voy!

CONVERSACIÓN 3

GRACIELA: La cena estuvo deliciosa, Elena.

ROBERTO: Sí, sí. Todo muy rico.

ELENA: Gracias. ¿Pasamos a la sala (*living room*) a tomar un coñac?

GRACIELA: Déjame ayudarte a _____.

ELENA: ¡Ay, Graciela! ¡Si eres la invitada! ¡Te invité a cenar, no a trabajar!

CONVERSACIÓN 4

RAMONCITO: Mami. Enséñame a poner la mesa.

MAMÁ: Bueno. Trae los cubiertos.

RAMONCITO: Aquí los tengo.

MAMÁ: A ver. _____ va a la izquierda (*left*) del plato.

RAMONCITO: ¿Así?

MAMÁ: Precisamente. Ahora _____ y _____ van a la derecha (*to the right*).

RAMONCITO: ¿Así?

MAMÁ: No, mi amor. Los tienes al revés…

PARA ENTREGAR Diferentes contextos

Paso 1 Muchas veces la gente adopta modales diferentes según el lugar donde está: en casa, con amigos, en un restaurante, etcétera. ¿Cómo son tus modales cuando comes en casa?

| | CUANDO COMO EN CASA… | |
	A SOLAS (*ALONE*)	CON OTRAS PERSONAS
1. Pongo mantel en la mesa.	☐	☐
2. Uso servilleta.	☐	☐
3. Pongo la mesa.	☐	☐
4. Como delante del (*in front of*) televisor.	☐	☐
5. Pongo los codos en la mesa.	☐	☐
6. Siempre tengo una mano en el regazo (*lap*).	☐	☐
7. Si derramo algo, lo limpio inmediatamente.	☐	☐
8. Tengo el salero y el pimentero en la mesa.	☐	☐
9. Como con la boca abierta (*open*).	☐	☐
10. Me lavo las manos antes de comer.	☐	☐

Paso 2 Ahora, haz una lista de tres de los restaurantes de tu ciudad. Incluye un restaurante elegante, un restaurante regular y un restaurante de comida rápida.

1. _____

2. _____

3. _____

Paso 3 Ahora, selecciona uno de los restaurantes del **Paso 2** y, en una hoja aparte, escribe un ensayo (*essay*) en el que describas cómo son tus modales cuando comes en ese restaurante. No menciones el nombre del restaurante en el ensayo pero inclúyelo al final para ver si tu profesor(a) puede adivinar (*guess*) cuál es. (Nota: Las oraciones del **Paso 1** te pueden ayudar a comentar tus modales.)

GRAMÁTICA

¿Se debe… ?

Impersonal **se**

ACTIVIDAD D En McDonald's

Which of the following statements about McDonald's do you agree with or disagree with?

En McDonald's…	DE ACUERDO	NO DE ACUERDO
1. se puede comer a muy buen precio (*cheaply*).	☐	☐
2. se debe llevar ropa (*clothing*) elegante.	☐	☐
3. se comen alimentos nutritivos.	☐	☐
4. no se debe poner los codos en la mesa.	☐	☐
5. se puede pedir una cerveza.	☐	☐
6. se puede pedir papas fritas.	☐	☐
7. se suele comer con cuchillo y tenedor.	☐	☐

	DE ACUERDO	NO DE ACUERDO
8. se suele dejar propina.	☐	☐
9. se puede pedir la comida sin salir del carro.	☐	☐
10. no se suele servir a los niños.	☐	☐

*ACTIVIDAD E Situaciones y resultados

Paso 1 Match each situation with a possible result from the list given. **¡OJO!** More than one result may be possible for a given situation.

SITUACIONES

1. _____ Se vive en Los Ángeles.

2. _____ Se toma mucho café.

3. _____ Se come mucha fruta.

4. _____ Se estudia todos los días.

5. _____ Se come mucho helado.

6. _____ Se va de compras.

7. _____ Se hace ejercicio aeróbico.

8. _____ Se acuesta uno tarde.

9. _____ Se hace la carrera de lenguas.

10. _____ Se consume mucha carne.

RESULTADOS

a. Se respira aire contaminado.
b. Se sale mejor en los exámenes.
c. Se habla español.
d. Se engorda (*gain weight*).
e. Se gasta (*spend*) dinero.
f. Se queja uno de la densidad del tráfico.
g. Se ingiere (*ingest*) mucha cafeína.
h. Se sufre de enfermedades cardiovasculares.
i. Se siente uno saludable (*healthy*).
j. Se consume una gran cantidad de vitaminas.
k. Se aprende (*learn*) mucho.
l. Se ingiere mucha grasa.
m. Se duerme poco.
n. Se reduce la presión sanguínea.
o. Se sufre de insomnio.

ACTIVIDAD F Recomendaciones

Listen to the speaker describe three generic situations. Select the most appropriate recommendation(s) from the choices listed. Can you think of others?

SITUACIÓN 1: La comida

☐ Se debe ir al supermercado.

☐ Se debe pedir prestada (*borrow*) a un vecino (*neighbor*).

☐ Se debe preparar el plato con otros ingredientes.

SITUACIÓN 2: El carro

☐ Se debe ir a una concesionaria (*dealership*) de automóviles y hablar con un agente.

☐ Se debe consultar una revista especializada como *Car & Driver* o *Consumer Reports*.

☐ Se debe hablar con amigos.

SITUACIÓN 3: El español

☐ Se debe ir a vivir a Miami o Los Ángeles.

☐ Se debe hacer amigos hispanohablantes.

☐ Se debe comprar los discos de Enrique Iglesias.

 **COMUNICACIÓN**

 ## PARA ENTREGAR ¡Feliz cumpleaños!

You have been invited along with some classmates and your Spanish instructor to dinner to celebrate another classmate's birthday. What sort of thing should a person do in anticipation of this dinner (e.g., buy a bottle of wine? prepare a dessert? arrive early to find a parking spot?). What are some things that you would expect to happen at the party (e.g., play music during dinner? choose from a selection of entreés at the cafeteria?). Write a composition in which you describe what generally happens so that your instructor knows what to expect. Include at least five statements using the impersonal **se.**

VOCABULARIO ÚTIL

antes de   *before*
después de   *after*

MODELO   Antes de ir a la fiesta, se debe comprar una botella de vino.

 # IDEAS PARA EXPLORAR
Las dietas nacionales

VOCABULARIO

¿Hay que... ?

Expressing impersonal obligation

ACTIVIDAD A Los modales en la clase de español

Los buenos modales son importantes en la mesa, pero también importan en otras situaciones. ¿Hay modales o reglas (*rules*) que se adoptan en tu clase de español? Marca si son ciertas o falsas las siguientes frases.

	CIERTO	FALSO
1. Hay que levantar la mano antes de hablar.	☐	☐
2. Es necesario colaborar con los otros estudiantes y tener una actitud positiva.	☐	☐
3. Se debe llegar a tiempo (*on time*).	☐	☐
4. No se debe tomar refrescos ni comer en el salón de clase (*classroom*).	☐	☐
5. No se debe fumar en el salón de clase.	☐	☐
6. Es imprescindible hablar español todo el tiempo.	☐	☐
7. Se debe respetar las opiniones de los otros.	☐	☐
8. No se puede hablar durante los exámenes.	☐	☐

	CIERTO	FALSO
9. Es buena idea informar al profesor (a la profesora) de antemano (*beforehand*) si no se puede asistir a clase.	☐	☐
10. No se debe copiar el examen de otro estudiante.	☐	☐

*ACTIVIDAD B ¿Qué actividad es?

Las dos actividades descritas a continuación son actividades típicas. Escucha lo que dice la persona en el programa auditivo y escribe la información apropiada en los espacios en blanco. Luego estudia cada situación para ver si puedes determinar qué actividad se describe. Escucha otra vez si te es necesario.

PRIMERA ACTIVIDAD

Primero, _____.[1] Si no, puede ser catastrófico el resultado. También _____[2] para ver si no contienen algún objeto olvidado. _____[3] requiere el proceso. Seguramente no quieres dañar (*to damage*) los objetos. Al final del proceso, _____,[4] sacudirlos (*shake them*) bien y luego someterlos a otro proceso para completar la actividad.

1. _____
2. _____
3. _____
4. _____

Actividad _____

SEGUNDA ACTIVIDAD

_____.[5] Si se espera una semana o más sin hacerlo, el trabajo se acumula y puede ser monumental. _____,[6] por ejemplo, sin el ruido de la televisión o sin música. _____[7] y revisar lo que se ha hecho. Así el efecto de la actividad es mayor que si se hace ligeramente. También _____[8] y hacer anotaciones. Si no se hace esto, se puede perder información de mucho valor.

5. _____
6. _____
7. _____
8. _____

Actividad _____

COMUNICACIÓN

PARA ENTREGAR Consejos para ti

Es muy posible que tu profesor(a) de español haya visitado (*has visited*) algún país hispano o que sepa (*knows*) algo sobre la cultura y las costumbres de ese país. Usando las siguientes expresiones, haz (*make*) una lista de cinco preguntas sobre el mundo (*world*) hispano. ¡A ver si tu profesor(a) las puede contestar!

hay que   se debe   se puede
es necesario   se tiene que   es buena/mala idea
es imprescindible

MODELO   ¿Es imprescindible tener pasaporte para visitar España?

GRAMÁTICA

¿Se consumen muchas verduras?

Passive **se**

*ACTIVIDAD C ¿Dónde se... ?

How much do you know about the origin of things we use every day? Indicate where each activity occurs.

1. Se producen muchos carros en...
   a. Chicago.   b. Detroit.   c. Ft. Lauderdale.
2. Se cultivan naranjas en...
   a. Florida.   b. Wisconsin.   c. Kansas.
3. Se pescan (*are caught*) langostas en...
   a. Dakota del Sur.   b. Maine.   c. Oklahoma.
4. Se cultivan papas en...
   a. Idaho.   b. Illinois.   c. Tennessee.
5. Se crían caballos (*horses*) en...
   a. Vermont.   b. Carolina del Sur.   c. Kentucky.
6. Se lanzan (*launch*) satélites en...
   a. Nueva Jersey.   b. Florida.   c. Oregón.
7. Se filman películas en...
   a. Hollywood.   b. Des Moines.   c. Akron.
8. Se cultivan manzanas en...
   a. Texas.   b. Colorado.   c. Washington.

ACTIVIDAD D Normalmente...

Paso 1 Match the items in column A with the descriptions in column B.

A

Normalmente...

B

1. _____ los dulces...
2. _____ el café...
3. _____ los huevos...
4. _____ el vino...
5. _____ las palomitas...
6. _____ la merienda...
7. _____ la leche...
8. _____ las ensaladas...

a. se sirven en el cine.
b. se hace de uvas blancas o rojas.
c. se deben evitar si uno está a dieta.
d. se sirven frías.
e. se sirven de desayuno si uno es norteamericano.
f. se puede tomar con chocolate.
g. se exporta de Colombia.
h. se toma por la tarde.

Paso 2 Now compare your answers with those on the audio program.

COMUNICACIÓN

PARA ENTREGAR Un *quiz*

Prepare a quiz for your instructor about your city and university and the things you can do there.

Paso 1 On the left side of a sheet of paper, list eight places in the city or on campus (for example, **la biblioteca, el teatro, un restaurante, una tienda,** and so forth). Number them from 1 to 8.

Paso 2 On the right side of the sheet, list an activity that people do in each place. **¡OJO!** The descriptions shouldn't appear in the same order as the eight places. Letter each description from A to H.

MODELO 1. _____ la librería
2. _____ el mercado Pete's

a. Se vende fruta.
b. Se venden libros.

Paso 3 Hand in the quiz to your instructor and see how well he/she does.

IDEAS PARA EXPLORAR

En un restaurante

VOCABULARIO

¿Está todo bien?

Talking about eating in restaurants

*ACTIVIDAD A Selecciones

Escoge la mejor respuesta para cada definición a continuación.

1. A la persona que sirve la comida y las bebidas en un restaurante se le da este nombre.
   a. el cliente
   b. la propina
   c. el camarero
2. A la persona que prepara la comida se le da este nombre.
   a. el plato
   b. el cocinero
   c. la propina
3. Este verbo es un sinónimo de **servir.**
   a. dejar
   b. atender
   c. pedir
4. En un restaurante, se refiere a la cantidad de dinero que el cliente tiene que pagar.
   a. la cuenta
   b. el cocinero
   c. la mesera
5. Este verbo es el sinónimo de **ordenar.**
   a. dejar
   b. pedir
   c. atender
6. Esto se refiere a la gratificación que se da por un servicio.
   a. la cuenta
   b. la mesera
   c. la propina
7. Para muchos norteamericanos, la ensalada o la sopa es…
   a. el primer plato
   b. el segundo plato
   c. el tercer plato

*ACTIVIDAD B ¿Cuándo ocurre?

Escucha las conversaciones y luego indica si cada una tiene lugar (*takes place*) al principio (*at the beginning*) de la comida, durante la comida o al final.

1. ☐ al principio de la comida

   ☐ durante la comida

   ☐ al final de la comida

2. ☐ al principio de la comida

   ☐ durante la comida

   ☐ al final de la comida

3. ☐ al principio de la comida

   ☐ durante la comida

   ☐ al final de la comida

COMUNICACIÓN

PARA ENTREGAR El camarero y los clientes

Copia el siguiente diálogo en una hoja aparte. Complétalo con frases y palabras apropiadas de la lista. No es necesario usar todas las palabras.

la propina	el cocinero	¿qué trae… ?
la cuenta	primer plato	segundo plato
atender	ensalada de tomate	una jarra
pedir	atender	¿está todo bien?

CAMARERO: Buenas tardes. ¿Les traigo un aperitivo?

HOMBRE: Para mí, nada.

MUJER: Pues, yo quisiera (*I would like*) un Campari. Y _____ de agua para la mesa, por favor.

CAMARERO: Muy bien, señora. ¿Y están listos (*are you ready*) para _____?

HOMBRE: No, pero tengo unas preguntas. ¿Hay alguna especialidad hoy?

CAMARERO: Bueno, el _____ ofrece (*offers*) un menú del día.

MUJER: ¿Y _____ el menú del día?

CAMARERO: Pues, de _____ trae una _____ o el gazpacho andaluz.* Y de _____ trae una paella o el emperador a la parrilla (*grilled*).

MUJER: ¿Y de postre?

CAMARERO: Tenemos un flan riquísimo.

HOMBRE: Ay, me encanta el flan. ¡Si me trae una porción bien grande de flan le dejo una buena _____!

CAMARERO: ¡De acuerdo!

_____
*A cold tomato-based soup served during the summer months.

GRAMÁTICA

¿Para quién es?

*ACTIVIDAD C ¿Para qué se usa?

Match each phrase in column A with the corresponding phrase in column B to form a logical statement.

A

1. ＿＿ El mantel se usa...
2. ＿＿ El tenedor se usa...
3. ＿＿ La copa se usa...
4. ＿＿ La servilleta se usa...
5. ＿＿ El salero se usa...
6. ＿＿ La taza se usa...
7. ＿＿ El cuchillo se usa...
8. ＿＿ La jarra se usa...
9. ＿＿ La cuchara se usa...

B

a. para limpiarse la boca después de comer.
b. para comer helado o gelatina.
c. para servir agua o cerveza para muchas personas.
d. para tomar café o té de hierbas.
e. para cortar carne o untar (*spread*) el pan con mantequilla.
f. para cubrir y decorar la mesa.
g. para condimentar las comidas.
h. para comer ensalada, enchiladas, etcétera.
i. para servir vino o licores.

ACTIVIDAD D ¿Para niños o adultos?

Indicate whether each item is for children, adults, or both.

	PARA NIÑOS	PARA ADULTOS	PARA AMBOS
1. la leche	☐	☐	☐
2. el libro *Green Eggs and Ham*	☐	☐	☐
3. las caricaturas (*cartoons*)	☐	☐	☐
4. la ropa de Gap	☐	☐	☐
5. el *Chicago Tribune*	☐	☐	☐
6. las computadoras	☐	☐	☐
7. los vídeojuegos	☐	☐	☐
8. el cereal Lucky Charms	☐	☐	☐
9. las películas de Harry Potter	☐	☐	☐
10. las bebidas alcohólicas	☐	☐	☐

COMUNICACIÓN

PARA ENTREGAR ¿Para quién es bueno o malo?

On a separate sheet of paper indicate whether or not the following foods are good or bad for the people indicated. Write complete sentences according to the model.

> MODELO: las proteínas / los atletas →
> Las proteínas son buenas para los atletas.

1. los refrescos con azúcar / los diabéticos
2. la leche / los adolescentes
3. el café / los que sufren de insomnio
4. la sal / los que tienen la presión arterial alta (*high blood pressure*)
5. la leche descremada (*non-fat*) / las personas que están a dieta
6. el helado / los que no toleran la lactosa
7. la comida picante / los que tienen problemas gastrointestinales

VIDEOTECA:
Los hispanos hablan

Paso 1 Lee lo que dice Giuli Dussias sobre los modales en la mesa.

Los hispanos hablan

¿Qué diferencias notas entre las costumbres de los Estados Unidos y las de tu país en cuanto a los modales en la mesa?

NOMBRE: Giuli Dussias

EDAD: 35 años

PAÍS: Venezuela

«En mi opinión, hay algunas diferencias entre la manera que nos comportamos[a] en la mesa cuando hablamos de la familia americana y la familia venezolana... »

_____

[a]nos... *we behave*

---

*Paso 2 Ahora escucha el segmento y contesta las siguientes preguntas.

VOCABULARIO ÚTIL

buen provecho	*enjoy your meal*
acostumbrar	*to be accustomed to*
apoyar	*to support*
esconder	*to hide*

1. Según Giuli, en Venezuela las dos manos tienen que estar sobre la mesa mientras se come. ¿Sí o no?
2. Aunque hay diferencias, la opinión de Giuli es que las semejanzas son más numerosas que las diferencias. ¿Sí o no?

Paso 3 «Buen provecho» es una expresión que se dice antes de comenzar a comer. A continuación hay unas expresiones que se dicen en inglés antes de comer. ¿Cuándo y con quiénes se usan las siguientes expresiones?

1. Enjoy!
2. Dig in!
3. Let's eat!
4. Food's on!

Paso 4 Indica lo que (no) se suele hacer en tu familia o grupo familiar.

1. esconder una mano debajo de la mesa
2. rezar (*to pray*) antes de comer
3. apoyar los codos en la mesa
4. decir una frase de cortesía antes de comer como «buen provecho»
5. ¿ ?

LECCIÓN 9

¿Y para beber?

In this lesson of the *Manual* you will

◆ Practice talking about beverages
◆ Review the forms and uses of the *preterite*
◆ Review the impersonal **se** and the passive **se**
◆ Listen to someone talk about coffee

 You can find additional quizzes to practice the grammar, vocabulary, and cultural themes covered in this lesson on the *¿Sabías que... ?* Online Learning Center website at **www.mhhe.com/sabiasque5**.

IDEAS PARA EXPLORAR

Las bebidas

VOCABULARIO

¿Qué bebes?

Talking about favorite beverages

*ACTIVIDAD A Ocasiones diferentes

Empareja (*Match*) cada bebida con la ocasión en que se suele tomar. Hay varias combinaciones posibles.

BEBIDAS

1. _____ el vino blanco
2. _____ el café descafeinado
3. _____ el té de hierbas
4. _____ la cerveza
5. _____ la limonada con hielo
6. _____ el jugo de naranja
7. _____ la Coca-Cola
8. _____ el café
9. _____ el vino tinto
10. _____ la leche

OCASIONES

a. Se suele tomar cuando uno está mareado (*nauseated*).
b. Se toma en el verano cuando hace mucho calor.
c. Se toma con el pescado o los mariscos.
d. Muchas veces se toma por la mañana para despertarse.
e. Se toma para el desayuno.
f. Se suele tomar en las fiestas.
g. Se toma cuando no se quiere ingerir cafeína.
h. Se suele tomar con la carne, o se le pone fruta para hacer una sangría.
i. Se toma fría con cereal por la mañana o caliente por la noche antes de acostarse.
j. Se toma en cualquier ocasión a cualquier hora del día. Es un refresco frío muy popular.

ACTIVIDAD B ¿Lógico o absurdo?

¿Te parece lógico beber café a las once de la noche? Escucha las situaciones en el programa auditivo e indica si las decisiones que se toman son lógicas o absurdas (¡en tu opinión!).

En mi opinión, me parece...

	LÓGICO	ABSURDO		LÓGICO	ABSURDO
1.	☐	☐	4.	☐	☐
2.	☐	☐	5.	☐	☐
3.	☐	☐			

PARA ENTREGAR ¿Qué bebes?

Los médicos nos dicen que es importante beber ocho vasos de agua al día. ¿Cuántos vasos bebes tú? ¿Bebes otras cosas? En esta actividad anota (*jot down*) todas las bebidas que consumes en un día específico. Debes poner las bebidas en diferentes categorías y según la hora del día.

Paso 1 Anota la cantidad de bebidas que consumes durante un día entero.

I. Desde las siete de la mañana hasta mediodía

_____ vasos de agua

_____ tazas de café (descafeinado)

_____ refrescos (Coca-Cola, Sprite, etcétera)

_____ vasos de jugo (de naranja, de tomate, etcétera)

_____ vasos de leche

_____ ¿ ?

II. Desde mediodía hasta las seis de la tarde

_____ vasos de agua

_____ tazas de café (descafeinado)

_____ refrescos (Coca-Cola, Sprite, etcétera)

_____ vasos de jugo (de naranja, de tomate, etcétera)

_____ cervezas

_____ ¿ ?

III. Desde las seis de la tarde hasta medianoche

_____ vasos de agua

_____ tazas de café (descafeinado)

_____ refrescos (Coca-Cola, Sprite, etcétera)

_____ vasos de jugo (de naranja, de tomate, etcétera)

_____ cervezas

_____ copas de vino

_____ ¿ ?

Paso 2 En una hoja de papel aparte, resume (*summarize*) la información de arriba y escribe un párrafo para tu profesor(a) de español para informarle de lo que bebes normalmente. En tu opinión, ¿consumes una cantidad equilibrada de bebidas?

GRAMÁTICA

¿Qué bebiste?

Review of regular preterite tense verb forms and use

ACTIVIDAD C La última vez que...

Do you remember what you had to drink the last time you were at the following places or did the following things? Mark those that apply.

1. La última vez que fui a un picnic...

☐ bebí cerveza

☐ tomé un refresco

☐ tomé una limonada

☐ bebí agua fría

2. La última vez que salí con mis amigos...

☐ tomé un café

☐ bebí cerveza

☐ tomé un refresco

☐ tomé agua mineral

3. La última vez que comí en un restaurante...

☐ pedí una cerveza

☐ tomé un refresco

☐ tomé vino

☐ tomé un café

4. La última vez que asistí a una fiesta...

☐ bebí cerveza

☐ tomé un refresco

☐ tomé un cóctel

☐ bebí agua

5. La última vez que cené con mi familia...

☐ bebí cerveza

☐ tomé un refresco

☐ bebí agua

☐ tomé vino

☐ bebí leche

Reviewing your answers, do you find that your drink preferences change according to event and company? If you're like most people, they probably do!

*ACTIVIDAD D La vendedora automática

Most likely everyone has purchased a beverage from a vending machine (**vendedora automática**). Below are the steps a person usually follows to do so, but they are not in the right order. Arrange the steps appropriately. (Note: Some steps can be switched around.)

a. _____ Apreté (*I pressed*) el botón.

b. _____ Cogí (*I picked up*) el refresco.

c. _____ Hice la selección.

d. _____ Metí el dinero en la máquina.

e. _____ Me saqué el dinero del bolsillo (*pocket*).

f. _____ Cogí el cambio (paso optativo).

g. _____ Encontré la vendedora automática.

*ACTIVIDAD E Anoche

Listen as two people discuss what they did last evening and then answer the questions below.

1. Anoche, Rosa... (*select all that apply*)

   a. tuvo que trabajar.
   b. fue a un concierto.
   c. cenó en un restaurante.
   d. salió con los amigos y bebió mucha cerveza.
   e. estudió para un examen.
   f. habló por teléfono con su familia.
   g. bebió mucho café.

2. Hoy, Rosa no puede dormir porque...
   a. bebió demasiada cerveza y tiene una resaca (*hangover*).
   b. tiene que trabajar.
   c. bebió demasiado café y ahora la cafeína la afecta.
   d. tiene clases todo el día.

*ACTIVIDAD F Las consecuencias de Torpe y Bobo° Torpe... *Clumsy and Foolish*

For each of the episodes below select the most likely consequences.

Torpe y Bobo son buenos amigos. Los dos trabajan para la misma compañía y comparten un apartamento. Son muy simpáticos, pero tienen poco sentido común (*common sense*). Por ejemplo, la semana pasada decidieron lavar la ropa. No separaron la ropa blanca de la de colores. Y usaron una caja (*box*) entera de detergente. ¿Sabes lo que pasó? Escoge las consecuencias lógicas.

	SÍ	NO
1. Salió espuma (*foam*) de la lavadora.	☐	☐
2. La ropa blanca salió multicolor.	☐	☐
3. No pasó nada. La ropa salió limpia y en buenas condiciones.	☐	☐
4. Se estropeó (**estropearse** = *to break down*) la lavadora.	☐	☐

En otra ocasión Torpe y Bobo decidieron hacer un viaje (*trip*) a Nueva York. Sacaron mil dólares en efectivo (*cash*) del banco. Viajaron por tren y llegaron a la ciudad a las diez de la noche. En vez de (*Instead of*) llamar un taxi, decidieron dar un paseo por el Parque Central para llegar al hotel.

¿Sabes lo que pasó? Selecciona las consecuencias lógicas.

	SÍ	NO
5. Llegaron al hotel sin problema alguno.	☐	☐
6. Un hombre les robó el dinero.	☐	☐
7. Se perdieron en el Parque y pasaron la noche allí.	☐	☐

Otro día vieron el anuncio de un astrólogo en la televisión. Torpe y Bobo querían (*wanted*) saber algo de su futuro, así que llamaron al astrólogo (¡a $4.00 por minuto!). Hablaron dos horas con él y le hicieron muchas preguntas.

¿Sabes lo que pasó? Selecciona las consecuencias lógicas.

	SÍ	NO
8. Todas las predicciones del astrólogo se realizaron (*came true*).	☐	☐
9. Torpe y Bobo se desilusionaron (*became disillusioned*) cuando las predicciones no se realizaron.	☐	☐
10. Torpe y Bobo tuvieron que pagar mucho dinero cuando les llegó la cuenta de la telefónica.	☐	☐

ACTIVIDAD G Los estudiantes de español

The Spanish Department at your university is gathering some information from their students regarding language study and use. Answer **Sí** or **No** to the following questions.

	SÍ	NO
1. ¿Estudiaste español en la escuela secundaria?	☐	☐
2. ¿Visitaste algún país hispanohablante el año pasado?	☐	☐
3. ¿Consultaste con un tutor de español este semestre?	☐	☐
4. ¿Practicaste español fuera de clase?	☐	☐

		SÍ	NO

5. ¿Consultaste con tu profesor(a) de español durante sus horas de oficina este semestre? □ □

6. ¿Escuchaste música latina en casa este semestre? □ □

7. ¿Viste un vídeo en español este semestre? □ □

8. ¿Escribiste una composición en español este semestre? □ □

9. ¿Utilizaste un diccionario bilingüe este semestre? □ □

COMUNICACIÓN

PARA ENTREGAR ¿Eres astrólogo/a?

In **Actividad F** you read about Torpe and Bobo and their adventures with the astrology hotline. Do you think you have the ability to see the future, or the past, as the case may be? On a separate sheet of paper complete the activity below.

Paso 1   First, make a list of five things you did yesterday.

MODELO   Asistí a mi clase de biología.

Paso 2   Now, concentrate on a classmate from Spanish class and try to "predict" what he or she did yesterday. Write five things that you think that person did. Formulate questions based on your statements.

MODELO   Jane estudió en la biblioteca.

Paso 3   Call that person (or consult with him or her before the assignment is due!) and ask your questions. Note the responses.

MODELO   Jane, ¿estudiaste en la biblioteca ayer?

Paso 4   Write an essay in which you describe what you did and what your classmate did. If you both did the same thing, state it as such (e.g., **Los/Las dos comimos en Taco Bell.**). Did your "predictions" bear out!?

IDEAS PARA EXPLORAR
Prohibiciones y responsabilidades

GRAMÁTICA

¿Qué se prohíbe?

Review of impersonal and passive **se**

ACTIVIDAD A Las reglas° universitarias

rules

Paso 1 Most universities have a number of rules and restrictions that affect students in some fashion. What are some of the things that your university prohibits? Mark those that apply.

En mi universidad...

1. ☐ se prohíbe el consumo de bebidas alcohólicas en las funciones universitarias.

2. ☐ no se puede andar en bicicleta por el campus.

3. ☐ se prohíbe el uso de patines en zonas públicas.

4. ☐ no se permite fumar en edificios públicos.

5. ☐ no se permite beber ni comer en clase.

6. ☐ no se puede estacionar el carro en algunos estacionamientos sin tener permiso.

7. ☐ se prohíbe llevar gorra (*baseball cap*) durante un examen.

8. ☐ se prohíbe sacar libros de la biblioteca sin identificación.

9. ☐ se prohíbe llegar tarde a un examen final.

10. ☐ se prohíbe la cohabitación de hombres y mujeres en una misma residencia estudiantil.

Have you ever violated any of your school's laws? Which ones?

Paso 2 Are there some laws or restrictions that you wish were in effect at your university? Here's your chance to express your ideas! Complete the statements below.

1. Creo que se debe eliminar _____.

2. Se debe permitir _____.

3. En las cafeterías se debe prohibir _____.

4. Se debe eliminar la clase de _____.

If you have time in class, share your sentences with your instructor and classmates.

*ACTIVIDAD B Un mercado internacional

Select the country from the list below that corresponds to each statement.

la Argentina   Cuba   Holanda
Chile   España   Nueva Zelandia
Colombia   Francia   Rusia

1. Se cultiva mucho café en _____.

2. Se toma mucho vodka en _____.

3. Se exportan muchas aceitunas (*olives*) de _____.

4. Se cultiva mucha caña de azúcar en _____.

5. Se cría (*raise*) mucho ganado (*cattle*) en _____.

6. Se extrae mucho cobre (*copper*) en las minas (*mines*) de _____.

7. Se plantan muchos tulipanes (*tulips*) en _____.

8. Se produce mucho champán en _____.

9. Se crían muchas ovejas (*sheep*) en _____.

 **COMUNICACIÓN**

PARA ENTREGAR Para sacar una buena nota...

What are some strategies or techniques that students have to get good grades? Do they study while listening to music? Do they form study groups? Do they make flashcards of vocabulary words in Spanish?

Paso 1   Interview five friends about their studying techniques. If they are from your Spanish class you should conduct the interview in Spanish.

 Paso 2   Now put together a pamphlet that could be distributed to new students to help get them on the right study track. In the pamphlet you should include the strategies and recommendations that you collected in the interviews. For example:

Para sacar una buena nota en una clase de español...

- se debe ir al laboratorio de lenguas tres veces por semana.
- se debe consultar con un tutor fuera de clase.

Para sacar una buena nota en una clase de cálculo...

- se debe comprar una calculadora.

Etcétera.

Make your pamphlet professional, attractive, and informative. And ask your instructor to share some of the strategies in class—maybe you'll learn a new one!

● VAMOS A VER:

¡Café, café!

ANTICIPACIÓN

Paso 1   En un momento, vas a escuchar a alguien hablar del café. Antes de escuchar, completa las tres oraciones a continuación. ¿Cuánto sabes ya acerca del café?

1. El café tiene sus orígenes en _____.
    a. Latinoamérica   b. África   c. Europa

2. En el mercado internacional, el café ocupa el _____ puesto en cantidad de dinero que se mueve (**mover [ue]** = *to move*).
    a. primer   b. segundo   c. tercer

3. Hay _____ tipo(s) de café.
    a. un sólo   b. dos   c. varios

Paso 2   A continuación hay algunas palabras que vas a oír en la selección. ¿Sabes el significado de cada una?

el monje: un hombre religioso (católico) que vive en un monasterio. Los monjes suelen tener poco contacto con el mundo exterior.

la materia prima: producto en estado natural, es decir, que no ha sido procesado. El azúcar no es una materia prima; la caña de azúcar sí lo es.

vinculado: conectado, relacionado, unido. Susanita está muy vinculada a su mamá.

EXPLORACIÓN

Paso 1   Escucha «¡Café, café!» para averiguar las respuestas al **Paso 1** de **Anticipación.** Oirás (*You will hear*) palabras que no conoces, pero podrás (*you will be able*) deducir su significado por el contexto o las podrás saltar (*to skip*) sin perder mucho. Sólo tienes que verificar las respuestas del **Paso 1** de **Anticipación.** No es necesario escuchar y entender perfectamente los demás detalles.

Paso 2   Escucha la selección otra vez, concentrándote en los orígenes del café y también en el papel desempeñado por (*played by*) los monjes. Luego, completa las siguientes oraciones.

1. Ya sabes que el café tuvo sus orígenes en África. Los franceses lo introdujeron* en

    _____ en el siglo XVIII.

2. Los monjes tomaban café por su efecto _____.

3. Como el café contenía cafeína, los monjes podían dar _____ más largos.

---

*Verbs that end in **-ucir** in Spanish all follow the irregular preterite pattern of **conducir: conduje, condujiste, condujo,** etc.

Paso 3 Vuelve a escuchar la selección una vez más, concentrándote en el papel del café en la economía. Después de escuchar, contesta las siguientes preguntas.

1. ¿Qué materia prima mueve más capital que el café en el mercado mundial?

   _____

2. ¿Cuántos países dependen de las exportaciones del café?

   _____

3. ¿Quiénes sacan el mayor beneficio del mercado de café? ¿Quiénes parecen sacar menos beneficio?

   _____

Paso 4 Vuelve a escuchar la selección entera. ¿Es más fácil entenderla ahora que la has escuchado (*you have listened*) varias veces?

SÍNTESIS

Paso 1 ¿Puedes contestar las siguientes preguntas? (Nota: Las preguntas se basan en las secciones **Anticipación** y **Exploración.** No es necesario que escuches de nuevo la selección.)

1. ¿Dónde tiene sus orígenes el café?
2. ¿Quiénes introdujeron el café en América? ¿Cuándo?
3. ¿Para qué usaban los monjes el café?
4. ¿Tiene mucha importancia el café en el mercado internacional? Explica.
5. ¿Qué tipos de café hay?

Paso 2 Es importante poder expresar ideas con tus propias palabras. Utiliza las preguntas del **Paso 1** como guía y escribe un resumen (de unas 100 palabras o menos) de la información que aprendiste sobre el café. Puedes incluir más detalles si quieres. Y no te olvides de (*don't forget*) usar frases y expresiones apropiadas para conectar las diferentes ideas que contiene el resumen: **también, sin embargo, otra cosa, además, antiguamente, hoy día** y otras expresiones.

_____

_____

_____

_____

_____

_____

_____

_____

_____

_____

_____

_____

Nombre _____ Fecha _____ Clase _____

 VIDEOTECA:

Los hispanos hablan

Paso 1 Lee la siguiente selección **Los hispanos hablan.**

 ### Los hispanos hablan

¿Qué diferencias notaste entre los norteamericanos y los hispanos en cuanto a los hábitos de beber?

NOMBRE: Néstor Quiroa

EDAD: 28 años

PAÍS: Guatemala

«En cuanto a las bebidas alcohólicas, hay una gran diferencia. Los hispanos toman por causas sociales para convivir con los amigos en la mayoría de veces... »

 *Paso 2 Ahora escucha el segmento y contesta la siguiente pregunta.

Según Nestor¿ se les aplican las siguientes situaciones a los hispanos o a los norteamericanos?

1. tomar bebidas alcohólicas como pasatiempo
2. tomar bebidas alcohólicas cuando uno está solo
3. tomar mucha leche
4. aliviar la sed con agua de fruta

Paso 3 ¿Estás de acuerdo con las observaciones de Néstor? ¿O notas que las actitudes norteamericanas hacia las bebidas alcohólicas han cambiado (*have changed*)?

Paso 4 Lee ahora la siguiente selección. Es la opinión de María Rodríguez, una peruana de 39 años de edad. ¿Tiene las mismas ideas e impresiones de Néstor?

En el Perú la persona que no toma, como yo, es un pavo. Alguna vez he oído a los padres decir: —Pero tómate un trago,[a] hija, es bueno que aprendas a tomar socialmente. Tengo muchos familiares y amigos que en el Perú son muy vacilones,[b] divertidos, pero aquí los llamarían alcohólicos. Lo que no recuerdo en el Perú es gente que tome sola. A mi mamá también le llamaba la atención que mi esposo o mi cuñado llegaran a casa y sacaran una cerveza del refrigerador para tomar solos.

[a]*drink* [b]*funny*

Answer Key

LECCIÓN PRELIMINAR

Ideas para explorar: ¿Quién eres?

Actividad B 1. c 2. a 3. a **Actividad C** 1. f 2. g 3. b 4. d 5. c 6. e 7. a **Actividad D** 1. cierto 2. falso 3. falso 4. cierto **Actividad E** 1. b 2. a 3. a 4. b 5. b **Actividad F** 1. él *or* Ud. 2. tú 3. ellos/ellas *or* Uds. 4. vosotros/as 5. yo **Actividad G** 1. possession 2. occupation 3. inherent quality 4. origin 5. occupation 6. possession

Ideas para explorar: Las carreras y las materias

Actividad B 1. c 2. a 3. c 4. b 5. b 6. a 7. c **Actividad C** 1. d 2. f 3. c 4. g 5. j 6. b 7. h 8. e 9. a 10. i **Actividad E** ANA: Le gustan las ciencias naturales, la física. No le gusta la sociología. SILVIA: Le gustan las ciencias sociales, la sociología. JOAQUÍN: Le gustan las ciencias naturales, las ciencias sociales, la astronomía, la sociología. **Actividad F** 1. gusta 2. gusta 3. gustan 4. gustan 5. gusta 6. gusta 7. gusta 8. gusta 9. gustan 10. gustan **Actividad G** a. 3 b. 4 c. 1 d. 2 **Actividad H** 1. Antonio hace la carrera de ciencias sociales. 2. Raquel hace la carrera de ciencias naturales. 3. No, Antonio no estudia biología. 4. Sí, Raquel estudia química. 5. Antonio estudia antropología. **Actividad I** 1. ¿Qué estudias, Pablo? (*or* ¿Qué carrera haces, Pablo?) 2. ¿Qué lenguas estudias? (*or* ¿Qué materias estudias?) 3. ¿Estudias español?

Ideas para explorar: Más sobre las clases

Actividad A 1. O 2. P 3. P 4. O 5. P 6. P **Actividad C** 1. a 2. c 3. b 4. c 5. d 6. a **Actividad D** **Paso 1** 1. Mario, quince créditos 2. Silvia, diez créditos 3. Anita, catorce créditos 4. Miguel, diecisiete créditos 5. Gloria, doce créditos 6. Olga, trece créditos **Actividad E** 1. once 2. dieciocho 3. veintiséis 4. treinta 5. veintitrés 6. ocho 7. veintinueve 8. veintisiete

Pronunciación: ¿Cómo se deletrea... ?

Actividad B 1. Buenos Aires 2. Santiago 3. Zamora 4. San Juan 5. Lima 6. Xochimilco 7. Amarillo **Actividad C** 1. David 2. Esteban 3. Horacio 4. Alfonso 5. Gregorio 6. Manuel

Videoteca **Paso 1** 1. c 2. b 3. asignaturas **Paso 2** 1. las ciencias 2. la química 3. la filosofía 4. los idiomas (latín, griego, inglés)

LECCIÓN 1

Ideas para explorar: La vida de todos los días

Actividad B 1. g 2. c 3. a 4. b 5. d 6. f 7. e 8. h **Actividad D** 1. por la tarde 2. por la mañana 3. por la noche 4. por la tarde 5. por la mañana 6. por la noche 7. por la noche **Actividad H** 1. María (se levanta con dificultad / se levanta sin dificultad) si es muy temprano. 2. María siempre (hace ejercicio / desayuna con café) para comenzar el día. 3. (Almuerza / Duerme) entre las clases. 4. En la biblioteca (estudia / habla con los amigos). 5. Después de las clases, (tiene que estudiar / tiene que trabajar). 6. Por la noche, (se acuesta / escribe la tarea) después de mirar el programa de David Letterman.

Ideas para explorar: Durante la semana

Actividad A a. 3 b. 5 c. 1 d. 4 e. 7 f. 6 g. 2 h. 8 **Actividad D** 1. improbable 2. improbable 3. improbable **Actividad G** 1. c 2. b 3. a 4. a 5. b 6. c

Ideas para explorar: Más sobre las rutinas

Actividad A 1. las seis y media 2. las siete 3. las siete y veinticinco 4. las diez menos cuarto 5. la una 6. las cinco y media 7. las ocho **Actividad B** 1. Katrina 2. Rodolfo 3. Katrina 4. los lunes, miércoles y viernes **Actividad D** 1. ¿Estudias por la mañana, por la tarde o por la noche? 2. ¿Haces ejercicio los días de trabajo o los fines de semana? 3. ¿Te levantas temprano o tarde los fines de semana? 4. ¿Prefieres leer un libro o mirar la televisión para descansar? 5. ¿Haces tarea para todas las clases? 6. ¿Te gusta cenar en casa, en un restaurante o en la cafetería? 7. ¿Generalmente te acuestas temprano o tarde los días de trabajo? 8. ¿Vas a la universidad en autobús o en carro? 9. ¿Te gusta escuchar música cuando estudias? 10. ¿Tienes que asistir a clase todos los días? **Actividad E** 1. ¿A qué hora se levanta Ud.? 2. ¿A qué hora desayuna Ud.? 3. ¿Qué días de la semana va Ud. a la universidad? 4. ¿Cuándo trabaja Ud. en su oficina? 5. ¿A qué hora vuelve Ud. a casa? **Actividad G** 1. no 2. no 3. los sábados y domingos 4. Sale con sus amigos.

Videoteca Paso 1 noche **Paso 2** 1. Por la mañana (*possible answers*): viene (va) a la universidad, estudia, se levanta temprano, lee. Por la tarde: enseña. Por la noche (*possible answers*): regresa a casa, cocina la cena, juega con las hijas, va al gimnasio, hace ejercicio, escribe (*or* se pone a escribir), se acuesta a la 1.00 o las 2.00 de la mañana. 2. C, F, F

LECCIÓN 2

Ideas para explorar: Actividades para el fin de semana

Actividad A 1. sábados 2. no se menciona 3. sábados 4. domingos 5. no se menciona 6. sábados 7. domingos 8. no se menciona 9. domingos 10. sábados 11. domingos 12. no se menciona **Actividad B** 1. c 2. f 3. g 4. a 5. b 6. d 7. e 8. h **Actividad C** (*possible answers*) 1. lavar la ropa 2. sacar vídeos 3. dar un paseo 4. correr 5. limpiar la casa 6. ir de compras 7. no hacer nada **Actividad G Paso 1** 1. le 2. le 3. les 4. le 5. les 6. les **Paso 2** 1. gusta 2. gustan 3. gusta 4. gusta 5. gustan 6. gusta **Actividad I Paso 1** 1. A nosotros no nos gusta estudiar. 2. Tampoco nos gustan las clases que tenemos. 3. Y no nos gusta la comida de la cafetería. 4. No nos gusta el *jazz*. 5. Y no nos gusta hacer ejercicio. 6. No nos gusta limpiar la casa. 7. Tampoco nos gusta ir de compras. 8. Y no nos gusta levantarnos temprano los sábados.

Ideas para explorar: Las otras personas

Actividad A 1. Dan un paseo en el parque. 2. Se quedan en casa para mirar la televisión. 3. Van a Blockbuster y sacan un vídeo. 4. Se levantan tarde y no hacen nada. 5. Hacen un picnic y charlan con sus amigos. 6. Juegan al fútbol. 7. Van al cine y cenan en un restaurante. 8. Prefieren lavar el carro y limpiar la casa. 9. Visitan a sus amigos. 10. Van a la iglesia. **Actividad B** 1. anatomía 2. dos 3. seis 4. viernes 5. lava, limpia 6. sábados 7. cine **Actividad C Pasos 1 y 2** 1. Nos levantamos a las seis de la mañana. 2. Y estamos en la oficina a las ocho. 3. Almorzamos a la una. 4. Trabajamos hasta las cinco. 5. Charlamos con unos amigos después de trabajar. 6. También cenamos en un restaurante italiano. 7. Regresamos a casa bastante temprano. 8. Miramos las noticias en la televisión. 9. Nos acostamos temprano, a las once. 10. Porque mañana tenemos que trabajar. **Actividad D** 1. Sí, (No, no) tenemos que levantar la mano... 2. Sí, (No, no) hacemos muchas actividades... 3. Sí, (No, no) escribimos muchas composiciones... 4. Sí, (No, no) escuchamos música latina... 5. Sí, (No, no) hablamos únicamente... 6. Sí, (No, no) podemos usar libros... 7. Sí, (No, no) siempre nos quedamos... *or* A veces nos vamos a otro lugar.

Ideas para explorar: El tiempo y las estaciones

Actividad A 1. c 2. b 3. c 4. a 5. b **Actividad C** a. 4 b. 3 c. 2 d. 5 e. 1 **Actividad D** a. otoño b. primavera c. verano d. primavera e. invierno **Actividad E** 1. b 2. c 3. b 4. c 5. a **Actividad F** 1. Hace frío y está nevando. 2. probable 3. Está en el hemisferio sur. **Actividad G** 1. b 2. a 3. a 4. a 5. b **Actividad H** 1. tarde 2. la ropa 3. en casa 4. sedentarias

Videoteca   Paso 1   1. Van a los bares, charlan con los amigos, bailan y salen hasta muy tarde. 2. Salen solamente por el hecho de beber.   **Paso 2**   1. C, F   2. En los Estados Unidos hacen fiestas en los apartamentos de la gente.

LECCIÓN 3

Ideas para explorar: Ayer y anoche (I)

Actividad A   Paso 1   1. d   2. h   3. a   4. c   5. b   6. g   7. f   8. e   **Paso 2** (*possible order*) 5, 3, 4, 2, 1, 7, 6, 8   **Actividad B**   1. no   2. sí   3. sí   4. no   5. no   6. sí   **Actividad C**   1. pretérito 2. presente   3. pretérito   4. pretérito   5. presente   6. presente   7. pretérito   8. presente   9. pretérito 10. presente   11. presente   12. pretérito   **Actividad D   Paso 1**   1. Esta persona salió a almorzar con dos amigas a las 12.00.   2. Volvió al trabajo a la 1.30.   3. Cuando llegó, leyó sus mensajes.   4. Luego escribió una carta importante y firmó un contrato en su oficina.   5. A las 4.00 habló por teléfono con un cliente en Europa.   **Paso 2**   a la presidenta de una compañía   **Actividad E**   1. ¿Qué desayunó Ud.?   2. ¿Trabajó ayer?   3. ¿Almorzó?   4. ¿Cuándo cenó?   5. ¿Qué hizo por la noche?   6. ¿A qué hora se acostó?   **Actividad F**   1. él/ella   2. yo   3. él/ella   4. yo   5. yo   6. él/ella   7. yo   8. yo 9. él/ella   10. yo   **Actividad H**   1. b   2. a   3. b   4. a   5. c   6. b   7. c   8. a   9. c   10. a **Actividad I**   1. b   2. a   3. a   4. b   5. a   6. a

Ideas para explorar: Ayer y anoche (II)

Actividad B   1. There is not social distance.   2. There is social distance.   3. There is social distance. 4. There is not social distance.   5. There is not social distance.   6. There is social distance.   7. There is social distance.   **Actividad D**   1. b   2. e   3. a   4. d   5. g   6. f   7. c   **Actividad E**   1. a 2. a   3. a   4. a   5. b   6. a   **Actividad F**   1. c   2. b   3. a   4. d   5. f   6. g   7. e   8. h **Actividad G**   1. cierto   2. falso   3. falso   4. cierto

Videoteca   Paso 1   cosas para la casa   **Paso 2**   1. Celebró con sus amigos en un buen restaurante.   2. práctica y también generosa con sus amigos

LECCIÓN 4

Ideas para explorar: La familia nuclear

Actividad A   1. Pablo   2. Rebeca   3. Ángela, 18   4. 18   5. Marcos, 15   6. Lorena   **Actividad B** 1. hermano   2. gemelas, hermanas   3. esposa, mujer   4. padre   5. hijos   6. madre   **Actividad D Paso 1**   1. sus   2. Su   3. Sus   4. Su   5. Su   6. sus   **Paso 2**   1. falso   2. falso   3. cierto   4. falso 5. cierto   6. falso   **Actividad E**   1. b   2. c   3. b   4. a   5. b   6. b   **Actividad F   Paso 1**   1. ¿cómo se llama Ud.?   2. ¿Cuántos años tiene?   3. ¿Dónde estudió?   4. ¿Dónde vive?   5. ¿qué le gusta hacer en su tiempo libre?   6. ¿Qué cualidades admira?   **Paso 2**   computer dating-service person

Ideas para explorar: La familia «extendida»

Actividad A   Paso 2   1. Es su tía.   2. Era su primo.   3. Es su sobrino.   4. Era su tío.   5. Son hermanas. 6. Era su padre.   **Actividad B**   1. c   2. b   3. a   4. b   5. a   **Actividad C   Paso 2** (*Answers will vary.*)   1. Se llama Guillermo Trujillo y vive en San José, California.   2. Los padres se llaman Gloria y Roberto. Su padrastro se llama José. No tiene madrastra.   3. No. Los abuelos están muertos todos. 4. Es grande. Tiene doce tíos maternos y diez tíos paternos. Si incluye a los esposos y esposas, tiene más de treinta.   5. Tiene como 55 primos maternos. No sabe cuántos primos paternos tiene. No tiene contacto con ellos.   **Actividad D**   1. b   2. a   3. c   4. g   5. f   6. e   7. d   **Actividad E**   1. c 2. b   3. c   **Actividad F**   1. Jorge es el marido de Claudia.   2. Anita es la tía de Óscar, Marta y Claudia.   3. Beatriz es la madrastra de Luis y Catalina.   4. Marta y Claudia son las nietas de Ana, Mario, Dolores y Martín.   5. Carlos y Jorgito son los hermanos de Cristina.   6. Jaime es el abuelo materno de Jorgito, Cristina y Carlos.   7. Luis es el hermano de Catalina.   8. Ana es la suegra de Catalina.   9. Jorge es el cuñado de Marta y Óscar.   10. Óscar y Marta son los sobrinos de Luis. **Actividad G**   1. b   2. a   3. b   **Actividad H**   1. soltera   2. viven   3. vivo   4. muerto/a

Ideas para explorar: Mis relaciones con la familia

Actividad A Woman answers: 1. a 2. b 3. b Man answers: 1. b 2. a 3. a **Actividad B**
Paso 2 1. ¿Te quiere(n)? 2. ¿Te adora(n)? 3. ¿Te llama(n) con frecuencia? 4. ¿Te escucha(n)?
5. ¿Te da(n) consejos? 6. ¿Te conoce(n) más que nadie? 7. ¿Te... ? **Actividad C** 1. Rita 2. Rita
3. Patricia 4. Patricia **Actividad D** 1. a 2. a 3. b 4. b 5. a **Actividad E** 1. La persona la
respeta mucho. 2. La persona lo admira mucho. 3. La persona los respeta mucho. 4. La persona
los aprecia mucho. 5. La persona lo llama por teléfono con mucha frecuencia. 6. La persona lo
quiere mucho. 7. La persona la detesta por completo. **Actividad F** 1. a 2. a 3. a 4. b 5. b
Actividad G **Paso 1** 1. c 2. c 3. a 4. b **Paso 2** 2. siempre los visito (Los *refers to* los abuelos.)
3. no los usa (Los *refers to* poderes.) 4. debe usarlos (Los *refers to* poderes.) 5. la admiramos
(La *refers to* la abuela.) 6. la llamó (La *refers to* la abuela.) 7. lo capturó (Lo *refers to* el asesino.)
Actividad H 1. a 2. b 3. b 4. a **Actividad I** **Paso 1** 1. b 2. a 3. b 4. a **Paso 2** 1. a
2. b 3. b 4. a

Videoteca **Paso 1** 1. 38 2. puertorriqueña 3. (*Answers will vary.*) **Paso 2** 1. b 2. c

LECCIÓN 5

Ideas para explorar: Características físicas

Actividad A 1. b 2. a 3. b 4. c 5. b 6. c 7. a **Actividad B** Completed drawing of head
with long, curly, dark hair. One ear should be small and the other huge. The nose, in the center of the
face, should be shaped like a triangle. The face should have three eyes. There should also be freckles
on the cheeks. And there should be two chins. **Actividad C** 1. b 2. a 3. b **Actividad D**
1. b 2. a 3. a **Actividad E** 1. a 2. b 3. c 4. b 5. a **Actividad F** **Paso 1** 1. Martín
2. Paco 3. Esteban **Paso 2** (*Answers will vary.*) 1. Paco no se parece a Martín. Paco es moreno y
Martín es rubio. 2. Paco y Esteban se parecen mucho. Tienen el pelo moreno. 3. Paco y Esteban se
parecen mucho, pero Esteban es más alto. 4. Esteban no se parece nada a Martín. Martín tiene el
pelo rizado, y Esteban lo tiene lacio.

Ideas para explorar: Otras características

Actividad A a. 2 b. 1 c. 3 d. 5 e. 4 **Actividad B** 1. cierto 2. falso 3. falso 4. cierto
5. cierto **Actividad C** **Paso 1** 1. normal 2. inesperado 3. normal 4. normal 5. inesperado
6. inesperado **Paso 2** woman; all the adjectives end in the letter -a **Paso 3** 2 **Actividad D**
1. b 2. a 3. b 4. b 5. a **Actividad F** 1. Sé 2. No conozco 3. Conozco 4. No sé
5. Conozco **Actividad G** 1. Conoce 2. Conoce 3. Conoce 4. conoce 5. Sabe 6. sabe

Ideas para explorar: Más sobre las relaciones familiares

Actividad A 1. a 2. b 3. b 4. b **Actividad B** 1. se 2. la 3. se 4. se, se 5. lo 6. se
Actividad C 1. c 2. b 3. d 4. a **Actividad E** 1. a 2. b 3. b 4. a 5. b **Actividad F**
1. Los novios se abrazan. (cierto) 2. Las madres se apoyan. (cierto) 3. Los padres se llaman. (falso)
4. Las madres se despiden. (falso) 5. Los padres se llevan bien. (cierto) **Actividad G** 1. b 2. a
3. a 4. b

Videoteca **Paso 1** 1. con su madre 2. a su padre **Paso 2** 1. callado; serio 2. protesta mucho
3. se parecen mucho físicamente; de personalidad

LECCIÓN 6

Ideas para explorar: Años y épocas

Actividad A **Paso 1** 1. c 2. e 3. g 4. b 5. f 6. a 7. d **Actividad B** **Paso 1** José Mártir—
86 años; María Santos—79 años; Francisco—60 años; María Teresa—57 años; Juan Diego—55 años;
María Cristina—49 años; Jesús—31 años **Paso 2** 1. Francisco es el mayor. Tiene 60 años.
2. a. 22 años b. 48 años **Actividad C** 1. a 2. b 3. b 4. b **Actividad D** 1. 985 2. 543

3. 711   4. 152   5. 869   6. 1000   **Actividad E**   1. 1956   2. 1932   3. 1970   4. 1994   5. 1947   6. 1980
7. 1960   8. 1976   **Actividad F**   1. b   2. b   3. c   4. c   5. a   6. c   **Actividad G**   1. e   2. f   3. d
4. a   5. g   **Actividad H**   1. b   2. c   3. a

Ideas para explorar: Épocas anteriores

Actividad A   Paso 2 *Because of the nature of the imperfect and what it means, phrases 3 and 4 can combine with* **b, c,** *or* **d.** *1 and 2 make sense only with* **a** *due to the nature of what the preterite means.*   **Actividad C**
2. ¿Tenías un amigo invisible? / ¿Tenía Ud. un amigo invisible?   3. ¿Les tenías miedo a los perros grandes? / ¿Les tenía Ud. miedo a los perros grandes?   4. ¿Te levantabas temprano los sábados por la mañana para ver la televisión? / ¿Se levantaba Ud. temprano los sábados por la mañana para ver la televisión?   5. ¿Eras el centro del mundo de tus padres? / ¿Era Ud. el centro del mundo de sus padres?   6. ¿Hacías muchos quehaceres domésticos? / ¿Hacía Ud. muchos quehaceres domésticos?
7. ¿Te llamaba tu familia con un apodo? / ¿Le llamaba su familia con un apodo?   8. ¿Te gustaba hacer bromas? / ¿Le gustaba hacer bromas?   9. ¿Pasabas mucho tiempo solo o sola? / ¿Pasaba Ud. mucho tiempo solo o sola?   10. ¿Ibas a la escuela en autobús? / ¿Iba Ud. a la escuela en autobús?   11. ¿Podías ver la televisión hasta muy tarde? / ¿Podía Ud. ver la televisión hasta muy tarde?   12. ¿Te gustaba dormir con la luz prendida? / ¿Le gustaba dormir con la luz prendida?   13. ¿Visitabas a tus abuelos con frecuencia? / ¿Visitaba Ud. a sus abuelos con frecuencia?   14. ¿Te burlabas de tus hermanos? / ¿Se burlaba Ud. de sus hermanos?   15. ¿Se burlaban de ti tus hermanos? / ¿Se burlaban de Ud. sus hermanos?   **Actividad D**   1. Antonia nota: (a) que las familias de hoy son más pequeñas y (b) que muchas mujeres casadas trabajan fuera de casa.   2. Josefina menciona que su nieto sólo tiene un hijo y que la esposa de su nieto es abogada.   3. Las mujeres trabajan (a) por necesidad económica o (b) por gusto o interés en lo que hacen.   4. Antonia no tiene una opinión definitiva.   **Actividad E**
1. protestábamos…   2. llevábamos…   3. teníamos…   4. experimentábamos…   5. escuchábamos…
6. quemábamos…   7. vivíamos…   8. íbamos…   9. creíamos…   **Actividad G**   1. Mis padres me conocían mejor que ahora.   2. Mis padres me leían libros.   3. Mis padres trabajaban.   4. Mis padres eran mis amigos.   5. Mis abuelos nos visitaban regularmente.   6. Mis padres salían con sus amigos.
7. Mis hermanos se burlaban de mí.   8. Mis padres me ayudaban con la tarea.   9. Mis padres me gritaban.   **Actividad H**   1. b   2. b   3. a   4. b   5. b   6. b   **Actividad J**   1. tan   2. tanto
3. tantas   4. tan   5. tan   6. tantas   7. tantas   8. tantos

Videoteca   Paso 2   no siempre

LECCIÓN 7

Ideas para explorar: Los hábitos de comer

Actividad A   Paso 2   Calcio: la leche, el helado; Carbohidratos y Fibra: los cereales, los espaguetis, el arroz; Proteínas: las carnes, el pollo; Grasas: la mantequilla; Vitaminas y Fibra: las fresas, la fruta, la lechuga, el maíz, las papas, la toronja   **Actividad B**   1. c   2. a   3. c   4. b   5. a   6. b   7. a
8. c   **Actividad C**   1. Las bananas suelen ser amarillas.   2. El interior de la papa suele ser blanco.
3. Los tomates suelen ser rojos.   4. La mantequilla de cacahuete suele ser marrón.   5. Los limones suelen ser agrios.   6. El atún suele ser salado.   **Actividad E**   1. Manolo   2. Estela   3. Estela
4. Manolo   5. Estela   **Actividad F**   1. b   2. a   3. b   4. c   5. a   6. c

Ideas para explorar: A la hora de comer

Actividad A   1. a   2. a   3. b   4. b   5. c   **Actividad B**   1. a   2. b   3. a   4. b   5. b
Actividad C   Paso 1   1. Carlos   2. Ricardo   3. María   4. Raquel   5. Laura

Paso 2

	PERSONA	LÁCTEO	CARNE	FRUTAS/VERDURAS	CARBOHIDRATOS
2.	Ricardo	no	no	no	bollería variada
3.	María	leche	no	jugo de naranja	tostada
4.	Raquel	no	huevos, salchicha	no	panqueques
5.	Laura	leche	no	manzana	cereal

Actividad D   1. b   2. c   3. b   4. a   5. b   **Actividad E**   1. c   2. c   3. c   4. c   5. a   **Actividad F**
1. b   2. b   3. no   **Actividad G**   1. c   2. b   3. c   4. a

Ideas para explorar: Los gustos

Actividad A   1. falso   2. cierto   3. falso   4. cierto   5. cierto   6. falso   **Actividad B**   1. c   2. b
3. a   4. a   5. b   **Actividad C**   1. a. the student   b. the professor   2. a. the customers
b. the waitress   3. a. Mrs. García   b. the students   4. a. the parents   b. the children   5. a. Claudia
b. the boyfriend   **Actividad D**   1. a   2. b   3. a   4. a   5. b   **Actividad E**   1. a   2. a   3. b   4. b
Actividad G   1. rápida   2. alta   3. rápida   4. rápida   5. alta   6. alta   7. rápida   8. alta
9. rápida   10. rápida   **Actividad H**   1. falso   2. falso   3. cierto   4. falso   5. cierto   6. cierto

Videoteca   Paso 1   1. a   2. b   **Paso 2**   1. No. Las enfermeras le daban una bolsa con un sándwich en
la noche porque sabían que tenía hambre.   2. Dice que es más plana, sin sabor, menos condimentada
(sólo con sal y pimienta).

LECCIÓN 8

Ideas para explorar: Los buenos modales

Actividad E   1. a, f   2. g, o   3. i, j   4. b, k   5. d   6. e   7. i, n   8. m   9. c   10. h, l

Ideas para explorar: Las dietas nacionales

Actividad B   Primera actividad (lavar la ropa):   1. hay que separar los objetos por colores   2. es
bueno revisar los objetos   3. Es imprescindible saber qué temperatura   4. hay que sacar los objetos;
Segunda actividad (estudiar):   5. Hay que hacer esto casi todos los días   6. Es muy buena idea hacer
esto sin distracciones   7. Es imprescindible concentrarse durante la actividad   8. hay que tomar
apuntes   **Actividad C**   1. b   2. a   3. b   4. a   5. c   6. b   7. a   8. c

Ideas para explorar: En un restaurante

Actividad A   1. c   2. b   3. b   4. a   5. b   6. c   7. a   **Actividad B**   1. durante la comida   2. al
principio de la comida   3. al final de la comida   **Actividad C**   1. f   2. h   3. i   4. a   5. g   6. d
7. e   8. c   9. b

Videoteca   Paso 2   1. Sí   2. Sí

LECCIÓN 9

Ideas para explorar: Las bebidas

Actividad A   *Possible answers:*   1. c   2. g   3. a   4. f   5. b   6. e   7. j   8. d   9. h   10. i
Actividad D   *Possible arrangement of steps:*   1. g   2. e   3. d   4. c   5. a   6. b   7. f   **Actividad E**
1. a, e, g   2. c   **Actividad F**   1. sí   2. sí   3. no   4. sí   5. no   6. sí   7. sí   8. no   9. sí   10. sí

Ideas para explorar: Prohibiciones y responsabilidades

Actividad B   1. Colombia   2. Rusia   3. España   4. Cuba   5. la Argentina   6. Chile   7. Holanda
8. Francia   9. Nueva Zelandia

Videoteca   Paso 2   1. a los norteamericanos   2. a los norteamericanos   3. a los norteamericanos
4. a los hispanos